Guerra pela vida

INSTITUTO JOVEM PAN

A campanha da Jovem Pan contra as drogas

GUERRA PELA VIDA – A CAMPANHA DA JOVEM PAN CONTRA AS DROGAS

Izilda Alves

Sarvier, 1ª edição, 2017

Coaching: *Edvaldo Pereira Lima*
Revisão: *André Alves Fortuna*
    Denise Ornellas
Relação das Instituições: *Bruno Ornellas*
    André Alves Fortuna
Fotos: *Carlos Torres*
Ilustração do Poema: *Leonardo Conceição*
Projeto Gráfico/Diagramação: *Triall Editorial Ltda.*
Capa: *Lelo Nahas*
Impressão e Acabamento: Pancrom Indústria Gráfica

Copyright © 2017 by Izilda Alves

Direitos Reservados
Todos os direitos desta edição são reservados à
Sarvier Editora de Livros Médicos.

sarvier

Sarvier Editora de Livros Médicos
Rua dos Chanés 320 – Indianópolis
04087-031 – São Paulo – Brasil
Telefax (11) 5093-6966
sarvier@sarvier.com.br
www.sarvier.com.br

Dados Internacionais de Catalogação na Publicação (CIP)
(Câmara Brasileira do Livro, SP, Brasil)

Alves, Izilda
    Guerra pela vida : a campanha da Jovem Pan contra as drogas / Izilda Alves. --
São Paulo : SARVIER, 2017.

ISBN 978-85-7378-257-8

1. Drogas - Abuso - Obras de divulgação
2. Drogas - Abuso - Prevenção 3. Instituto Jovem
Pan I. Título.

16-08112   CDD-362.2917

Índices para catálogo sistemático:

1. Drogas : Abuso : Prevenção : Problemas
    sociais   362.2917

Guerra pela vida

INSTITUTO JOVEM PAN

A campanha da Jovem Pan contra as drogas

Izilda Alves

sarvier

Sumário

▶ A Campanha da Jovem Pan Merece Ser Eternizada 7
   Dr. José Renato Nalini
▶ Campanha de Prevenção Reduz Número de Dependentes 9
   Dr. Osmar Terra
▶ Jovem Pan pela Vida, Contra as Drogas é Fundamental para
   Combater Esse Mal Avassalador 13
   Dr. Claudio Barsanti
▶ Arma Poderosa Contra as Drogas 15
   Miguel Tortorelli
▶ Esta Campanha Foi a que Mais me Impressionou nos
   Meios de Comunicação 19
   Flávio Prado
▶ Esta Campanha foi o Programa mais Sério Contra as
   Drogas que o Brasil Já Teve 21
   Dr. Jair Monaci
▶ O Bom Combate 23
   Antonio Augusto Amaral de Carvalho, "Seo" Tuta

Capítulo 1	Armas de Combate 27
Capítulo 2	Comandante de Ataque 41
Capítulo 3	A Primeira Batalha 51
Capítulo 4	Mais Poderosos que Uma Bomba 67
Capítulo 5	Elas Nunca Desistem 97
Capítulo 6	Os Estrategistas 119
Capítulo 7	A Grande Batalha 151
Capítulo 8	General Solitário 159
Capítulo 9	Vinícius, Retrato de uma Dor Sem Fim 167
Capítulo 10	Escolas Visitadas 173

▲ DR. JOSÉ RENATO NALINI
Secretário da Educação do Estado de São Paulo

"A campanha da Jovem Pan merece ser eternizada"

Queria reafirmar que essa campanha foi a mais exitosa que eu conheço, partindo de uma emissora que tem uma enorme penetração e índice de confiabilidade muito elevado. Não por coincidência, mas por saber explorar os talentos de que é provida. A emissora se serviu de uma intérprete eficientíssima, muito compenetrada e comprometida com a causa. E isso foi um fator de extrema relevância para que a campanha gerasse bons frutos.

Ainda hoje quando conversamos com jovens que eram frequentadores da rede pública e também da rede particular naqueles anos eles se recordam da linguagem direta, do alerta que serviu para que muitos se afastassem da droga, para que convencessem os líderes a persuadir os seus colegas da mesma faixa etária para que não enveredassem nesse caminho tão perigoso.

A Jovem Pan tirou o glamour da droga tão exaltada, às vezes em música, por pessoas que são pretensas celebridades e que fazem a sugestão de que um baseado ou um pouquinho de experimentação de qualquer outra droga não faz mal porque a pessoa é capaz de abandonar essa vereda assim que decidir. E nós sabemos que não é assim. A droga, embora com esse nome, é algo, que envolve, que impregna, que seduz e tira totalmente o discernimento do usuário. Nós temos histórias dolorosas de pessoas que começaram experimentando, acreditando que fosse uma aventura transitória, muito passageira, e depois passaram para outras drogas mais graves e perderam sua vida porque não souberam voltar, não tiveram força para encontrar o caminho de volta.

Essa Campanha merece ser eternizada, documentada, para servir como um atestado muito convincente de que trabalhar na prevenção pode mudar a vida dos jovens tão iludidos nessa sugestão de explorar emoções através do consumo de substâncias, que vão fazer um grande mal físico, orgânico, um grande mal às suas consciências.

Então tenho todos os motivos para parabenizar a Izilda. Ela mereceria um Nobel, na prevenção da utilização de substâncias entorpecentes. E cumprimentá-la, agradecer em nome de todos os cidadãos brasileiros, que se preocupam com essa chaga, com esse flagelo do qual nós ainda não nos livramos. A cracolândia é o maior testemunho disso. Mas dizer a ela que o seu trabalho realmente valeu a pena, fez a diferença e se inscreveu como uma das páginas mais heroicas da nacionalidade. Não foi apenas São Paulo, foi o Brasil que tomou conhecimento. E os méritos são de todos que trabalharam. Mas quem interpretou com muita felicidade a simbologia e o idealismo da campanha foi a Izilda Alves. Então, ela que merece nossos parabéns!

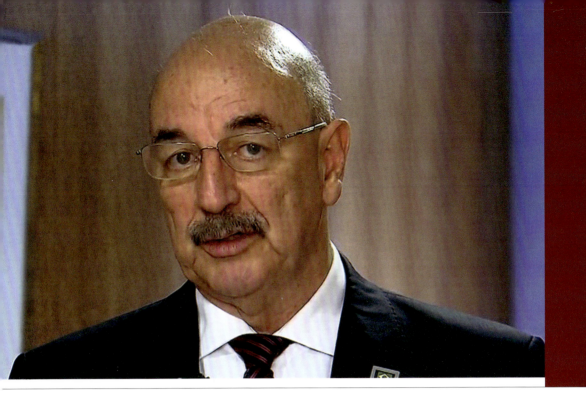

▲ DR. OSMAR TERRA
Ministro do Desenvolvimento Social e Agrário

"Campanha de prevenção reduz número de dependentes"

As drogas representam hoje o maior problema de saúde pública no país. Não só pela grande mortalidade de jovens, mas também como causas de doenças crônicas que se perpetuam no tempo. Então, é importante essa Campanha nas escolas para desfazer mitos. Importante mostrar o que acontece na família com depoimentos de mães, dependentes em recuperação, especialistas. É muito importante esse trabalho da Jovem Pan nas escolas. A prevenção é a maior conquista que se pode ter para reduzir o número de pessoas dependentes. Não podemos esquecer também das leis e da importância de reduzir o número de pessoas oferecendo drogas nas ruas.

Parabéns, Jovem Pan, pelo trabalho!

Importante que a juventude saiba que usar drogas é sempre risco para uma doença que não tem cura, a dependência química.

50% dos jovens de 15 a 20 anos, que fumam maconha, uma vez por semana, ficarão dependentes para o resto da vida. Vão ter de fazer um grande esforço para evitar usar droga.

O mesmo acontece com bebida alcoólica. Depois que a pessoa vira alcoolista, tem de evitar a cada dia a bebida.

Outras drogas causam dependência ainda mais rápida como a cocaína, o crack, a metanfetamina, todas causam transtornos mentais graves, alteram a mente das pessoas por toda a vida.

Então, hoje, com o aumento da oferta de drogas nas ruas, que vêm das fronteiras totalmente abertas que temos com os maiores produtores de drogas do mundo, que são Bolívia, Peru, Paraguai e Colômbia, estamos assistindo a um aumento brutal da violência, ao aumento da mortalidade por infecções graves, por AIDS, em função do uso de drogas. E também ao aumento de acidentes com vítimas fatais causados por motos e automóveis. Todos têm como causa a droga.

Os jovens têm de ver este outro lado da droga. Os jovens estão acostumados a ver nas redes um elogio às drogas, um oba-oba sobre o prazer que as drogas causam no começo, mas depois a pessoa vai entrando no que a gente chama de Dependência Química, um caminho sem volta.

A maconha, por exemplo, é uma droga que causa perda intelectual importante. Os dependentes de maconha vão ficar com problemas para o resto da vida. Vão ter os piores lugares no mercado de trabalho, não vão conseguir progredir na vida.

O crack usando duas, três vezes, a pessoa já fica dependente, não consegue fazer mais nada, não consegue nem dar atenção à família, ao trabalho, abandona escola. O crack é uma das principais causas do aumento do latrocínio. No desespero para conseguir a droga, o dependente químico faz qualquer coisa: assalta e pode até matar em função da necessidade que tem de ter dinheiro para comprar a droga.

A violência doméstica é um grande problema causado por bebida alcoólica, causa também de transtorno mental. Essa história de dizer que legalizando as drogas, vamos reduzir a violência não é verdade. A violência doméstica é causada por droga legalizada, a bebida alcoólica. E justamente por ser de fácil acesso, tem mais gente com transtorno mental, que leva ao aumento da violência doméstica e violência em geral. Briga em bar, em campo de futebol.

O transtorno mental por drogas é a maior causa de violência no país. O tráfico de drogas é a segunda causa.

Legalizar não vai diminuir essa violência. Após a legalização da maconha, o Uruguai aumentou o número de homicídios, batendo recordes. Denver, no Colorado, está batendo recorde de homicídios e de pessoas mendigando nas ruas.

Então, é importante esse trabalho nas escolas para desfazer esses mitos que cercam as drogas divulgadas na internet, em revistas que a juventude tem acesso e por colegas que oferecem para experimentar. Sem ter o outro lado, o da Ciência para mostrar os danos que a droga causa.

A prevenção é a maior conquista que se pode ter para reduzir o consumo. Mas não se pode esquecer também de cumprir leis, de reduzir o número de pessoas oferecendo drogas nas ruas e de oferecer tratamento de qualidade aos dependentes e suas famílias.

Meus parabéns, Jovem Pan, pelo trabalho!

O Brasil ainda vai ter uma política firme, uma ação consistente, forte, rigorosa para diminuir o número de dependente em nosso país.

▲ DR. CLAUDIO BARSANTI
Presidente da Sociedade de Pediatria de São Paulo
Representante de oito mil Pediatras em todo o Estado

> " Jovem Pan pela vida, contra as drogas é fundamental para combater esse mal avassalador "

Sempre que falamos sobre campanha de longa data contra drogas, 12 anos, sempre se remonta a Izilda Alves e à Jovem Pan no sentido de um trabalho maravilhoso, cansativo e extenuante, mas, com certeza, prazeroso. O alcance da Jovem Pan, com a capacidade de apresentação e divulgação dos temas com a sua expertise, faz com que esse assunto seja levado a todos os pontos do país e a todas as classes sociais. O que permite que seja discutido assunto de tamanha importância e se criem caminhos de atenção, prevenção e de tratamento. Tanto que nós, da Sociedade de Pediatria de São Paulo, quando fizemos a nossa campanha, Julho Branco não hesitamos em escolher a coordenadora da Campanha da Jovem Pan, como Embaixadora da nossa iniciativa de prevenção em todo o Estado, devido ao grande nome, à grande representatividade da sua atuação nessa área.

Estudos sobre drogas na infância nos deixam muito preocupados. A iniciação está cada vez mais precoce. A partir dos 10 anos existe consumo de drogas e em determinados segmentos esse consumo passa a ser regular. Pesquisas mostram que aos 17 anos há uso regular de tabaco e álcool em torno de 20 a 25% da população estudada. Esses números nos assustam. Além de toda a discussão para toda a sociedade, existe uma necessidade de estarmos alertando os colegas pediatras para reconhecerem imediatamente casos de consumo e casos de emergência por intoxicação por essas drogas. Não só no atendimento diário do consultório precisa ser falado, discutido com os pais e com os próprios pacientes adolescentes dos riscos das drogas mas também preparando a equipe para emergências em pronto atendimento e pronto socorro de todas as regiões. Infelizmente, é um mal de todas as faixas culturais, sociais e econômicas de todo o país.

Informação é o primeiro passo. Feito o diagnóstico no início, é sucesso no tratamento desse mal que aflige toda a nossa sociedade. Estudos feitos em escolas municipais pelo doutor Paulo Lotufo, mostrando o consumo de bebida alcoólica, tabaco, maconha, crack e outras drogas sintéticas têm nos assustado muito. Preocupa também a conivência de famílias com a utilização de bebidas alcoólicas em festas de adolescentes como, por exemplo, festa de 15 anos, o que é ilegal, mas tem aumentado e nos leva a grandes preocupações.

Como pediatra eu já atendi na emergência menor de 12 anos com intoxicação causada por bebida alcoólica. Infelizmente, são vários casos a partir dos 14 anos, crianças que chegam em coma alcoólico, em surto psicótico, devido à utilização de álcool e outras drogas.

Para um grande mal, um grande bem. A Jovem Pan, através de sua atuação, Izilda, traz um bem imensurável para nós. A possibilidade de divulgação nos mais longínquos rincões deste país, da gravidade desse assunto só é possível com pessoas de destaque como você, Izilda Alves e a Jovem Pan. Um grande bem para todos. É fundamental para combater esse mal avassalador.

▲ MIGUEL TORTORELLI
Vice-presidente da Federação do AMOR EXIGENTE
Atende gratuitamente 100.000 dependentes e suas famílias no Brasil

"Arma poderosa contra as drogas"

O uso de drogas é sofrimento que marcou minha família. Eu e minha esposa, Regina, conseguimos vencer este pesadelo que parecia não ter fim. Pesadelo que se repetiu com dois dos nossos três filhos. Ganhamos esta dificílima luta contra os traficantes. Uma guerra diária que nos ensinou que juntos seríamos mais fortes.

Choramos muito nesta estrada de espinhos. Não foram dias. Foram anos de tristeza. Mas eu e a Regina repetíamos como um mantra: vamos vencer! Vamos encontrar escadas nestes abismos.

Houve erros sim, mas nunca desistimos. Aprendemos juntos. Erramos algumas vezes, mas foi por desconhecimento desta doença traiçoeira e fatal, a dependência de drogas, causada por traficantes, que, apesar das leis, parecem livres em nosso país. Traficantes que são mais letais que o câncer, a AIDS, a zika e o infarto.

Mas a cada erro buscávamos como acertar. Regina é uma fortaleza. E nesta luta que parecia não ter fim, descobri em minha esposa a força diária que eu precisava para continuar lutando por nossos filhos, pela paz na nossa família.

Vencemos. E hoje, nossos filhos estão em recuperação, moram na nossa casa. Nossa família está novamente unida.

Por isso eu e Regina aplaudimos a iniciativa da Jovem Pan de ter criado e mantido nas escolas de São Paulo durante 12 anos a campanha de prevenção Jovem Pan Pela Vida, Contra as Drogas. Participamos de muitas destas apresentações e fomos testemunhas da emoção e conscientização que esta Campanha cultivou em cada escola. Quantos pedidos de ajuda aconteciam após as apresentações!

Foi uma campanha pioneira, que conscientizou adolescentes e as suas famílias e se tornou aliada de milhares de professores nesta luta incansável pela saúde, pela vida. Iniciativa que plantou esperança. Fato inédito e histórico para uma empresa brasileira, que merece todos os elogios. Jovem Pan Pela Vida, Contra as Drogas bateu corajosamente de frente contra o inimigo número um de todas as famílias no Brasil: o narcotráfico. Transformar em livro esta história de luta pela vida é devolver esperança a todas as famílias brasileiras.

Eu e Regina aprendemos que para combater o sofrimento é preciso ser solidário, compartilhando os conhecimentos que as provas difíceis da vida nos impõem. E passamos a dedicar nosso tempo a acolher quem enfrenta o mesmo drama, participando do maior grupo de atendimento a dependentes de drogas e suas famílias no Brasil, o Amor Exigente. Criado no início de 1990 por um padre que dedica sua vida a praticar o bem, padre Haroldo Rahm, e por uma mulher excepcional, Mara Silvia Carvalho de Menezes, que perdeu um filho atropelado por um motorista, que estava alcoolizado.

Padre Haroldo e Mara cultivam o bem, levando a cada família desesperada palavras de conforto, de esperança. Eu e Regina nos unimos a esta luta junto com outros dez mil pais, que também venceram essa difícil prova de amor à vida.

Desde o começo do ano 2000, coordenamos o Amor Exigente na Região Norte de São Paulo. Gratuitamente acolhemos, amparamos, orientamos toda quarta-feira à noite, no salão da Paróquia Santa Joana D'Arc, no Jardim França, três mil dependentes de drogas e suas famílias. É muito preocupante receber pais de crianças de oito anos que já experimentam maconha, oferecida pelos coleguinhas de condomínios e escolas. Pais que oferecem bebida para os próprios filhos, desconhecendo que o alcoolismo é hereditário, podendo passar de avó para neto, de pai para filho. Já atendemos crianças de onze anos alcoólatras. Casos graves sem atendimento na rede pública de saúde em todo o país.

As explicações deste livro da Jovem Pan sobre esta doença gravíssima que dizima famílias é de extrema importância hoje no Brasil. Ao revelar histórias reais de quem viveu e superou esta tragédia, nós mostramos como pais podem combater o mal do século, as drogas.

Mais uma vez, a Jovem Pan traz esperança com a principal arma que precisamos ter nessa guerra: a informação.

Obrigado Jovem Pan por participar do nosso exército do bem, pela vida, pela saúde, pelo futuro com saúde.

▲ FLÁVIO PRADO
Jornalista e apresentador do programa No Mundo da Bola na Jovem Pan, onde a Campanha era apresentada todo sábado

> "Esta campanha foi a que mais me impressionou nos meios de comunicação"

A Campanha Pela Vida, Contra as Drogas foi a que mais me impressionou em todos esses anos nos meios de comunicação. Primeiro porque mostrou sempre, de forma muito clara, todos os riscos que as pessoas correm, quando entram em contato com a droga. Longe de ser apenas didática, apresentava pessoas como nós, como nossos filhos, nossos amigos, que contavam os horrores, que viveram quando tomados pelo vício. Aí vinha a orientação e prevenção. Nada pode ser mais completo. Além disso, caminhou na direção oposta, a uma teórica liberdade de ação, que, na realidade, gerava a prisão da dependência, quando víamos em outros locais da mídia até uma certa apologia ao uso do que chamam de "drogas leves", a grande porta de entrada para o vício pleno.

Várias vezes me emocionei, ouvindo histórias que poderiam ser minha ou de meus parentes, contadas de forma bem nítida, por homens, mulheres, adolescentes, prevenindo com seus exemplos vivos para o perigo, que estava e está ao nosso lado no dia a dia do mundo das drogas. Senti o desespero da grande capitã Izilda Alves, quando tinha que se calar em algumas oportunidades, após chocantes medidas judiciais, que visavam impedir que o alerta seguisse. E nesses anos todos, a Rádio Jovem Pan brigou junto e salvou muitas vidas, nessa luta, que dá a exata dimensão do tamanho da responsabilidade e como a emissora, que trabalho há tantos anos, agiu dentro do princípio da prestação de serviço à comunidade.

Tenho um orgulho imenso de ter "vivido" a maior Campanha de Prevenção Pela Vida, ao lado de tantos voluntários maravilhosos. A Campanha é eterna. Muitas famílias, alguma silenciosas, foram salvas pelas histórias ouvidas na Jovem Pan e as orientações recebidas.

Izilda Alves e seus parceiros ganharam muitos prêmios com a Jovem Pan, nestes anos todos. Mas o maior deles é a certeza de terem feito o melhor. E evitado que a epidemia de drogas em nosso país tivesse proporções ainda mais alarmantes.

▲ DR. JAIR MONACI
Médico e ex-vice-presidente da Lincx Sistemas de Saúde, parceiro da Campanha

"Esta campanha foi o programa mais sério contra as drogas que o Brasil já teve"

A primeira vez que assisti à Campanha me emocionei com o depoimento de um usuário de drogas em recuperação. Foi de tirar o fôlego. Uma confissão pública da sua história: o começo e as consequências do uso de drogas. Fiquei impressionado com sua coragem, determinação, honestidade de detalhes de sua vida e de sua família. A coragem de dizer o que ele mais sentia era de que seu pai, com Alzheimer, não conseguia mais entender que ele estava em recuperação. A preocupação da mãe em sofrer calada com medo de falar qualquer coisa que pudesse levá-lo novamente ao vício. E ele, consciente de que o tratamento seria para o resto de sua vida. Foi uma hora e 40 minutos com os jovens na plateia, alguns com seus pais num silêncio absoluto absorvendo cada palavra anunciada.

O doutor Pablo Roig ao meu lado disse: "Jair, esse rapaz faz mais por esses jovens que toda e qualquer palestra ou transmissão de conhecimento que eu possa oferecer. Nele está a vivência que nenhum livro consegue transmitir, a informação direta, clara, chocante e poderosa como a principal arma contra as drogas."

A Jovem Pan através do "Seo" Tuta tinha encabeçado o que passamos a chamar do programa mais sério contra as drogas que esse país já teve. A jornalista Izilda Alves, especializada em Saúde, coordenando o programa Jovem Pan Pela Vida, Contra as Drogas, e com seu trabalho árduo, persistente, de quem acreditava no projeto, colocou para si mesmo como missão e com paixão nesta empreitada. O trabalho da Izilda Alves, foi fundamental para o crescimento do programa, atingindo um número fantástico de jovens, crianças e adolescentes, pais, professores em diversas escolas, igrejas, associações, instituições, empresas, hospitais, clubes, etc.

A Lincx se orgulhou de fazer parte dessa história como apoiadora do Projeto. Faço a minha homenagem a todos que participaram. E pela Lincx salientaria os amigos Sílvio Corrêa da Fonseca, médico e presidente da Lincx, e o doutor José Carlos Cortez, diretor, que já não estão mais entre nós em vida, mas que continuam juntos na saudade que sentimos. Ao doutor Alceu Domingues Ianni, diretor, nossa homenagem pelo companheirismo e amizade até os dias de hoje.

Jovem Pan Pela Vida, Contra as Drogas, com o apoio da Lincx Sistemas de Saúde, atingiu os seus objetivos e foi reconhecida por diversas instituições e pelos inúmeros prêmios alcançados.

▲ ANTONIO AUGUSTO AMARAL DE CARVALHO, "SEO" TUTA

O bom combate

Manter por 12 anos a campanha Jovem Pan Pela Vida, Contra as Drogas foi "uma das maiores satisfações que já tive em minha vida", define o criador dessa iniciativa pioneira, jornalista Antonio Augusto Amaral de Carvalho. Era agosto de 2002, quando "Seo" Tuta, como é mais conhecido, presidente da Jovem Pan, lançou essa campanha de prevenção para escolas públicas e particulares da cidade de São Paulo. O objetivo era conscientizar estudantes do ensino médio sobre a grave doença causada pelo uso de drogas, a dependência química. Em princípio, haveria uma apresentação por semana. Mas logo após o anúncio da campanha na programação da Jovem Pan, foram tantos os pedidos que passamos a uma apresentação por dia, de segunda a sexta-feira, e logo a seguir, duas apresentações diárias.

De 2002 a 2014, levamos Jovem Pan Pela Vida, Contra as Drogas para quase meio milhão de pessoas de 10 a 70 anos, em todas as regiões da cidade de São Paulo e em outros 39 municípios do Estado. A credibilidade e o prestígio da Jovem Pan motivavam escolas a pedirem cada vez mais a Campanha, definida por professores, estudantes e famílias como arma poderosa contra a epidemia causada pelas drogas, que já marcava São Paulo em 2002.

"É emocionante para nós, da Jovem Pan, o relato de profissionais contando que, após a apresentação da Campanha, eram procurados por pais pedindo tratamento para os filhos. A Campanha despertava essa consciência. Nada melhor para nós da Jovem Pan, que sempre lutamos pela união das famílias!", comemora "Seo" Tuta.

A agenda da Campanha era fechada logo no início de cada ano. Ganhamos experiência. Enfrentamos desafios. Houve bairros pobres, na periferia de São Paulo, onde a diretora precisou pedir licença aos traficantes. "O pior é que isso ocorre justamente nas comunidades mais humildes, mais desassistidas, as que mais carecem de informação e apoio", lamenta "Seo" Tuta. "E o incrível é que alguns traficantes permitiram. E nós fomos. Não tivemos receio, nem fomos arrogantes. Onde pudemos levar nossa mensagem, levamos."

Uma campanha vencedora de 26 prêmios em 12 anos. Sucesso, em uma carreira de muitas iniciativas desse líder inovador.

Como o pai, Paulo Machado de Carvalho, também se dedicou ao rádio e à tevê. Paulo Machado de Carvalho comprou em 1944 a Rádio Panamericana, que em 1965 passaria a ser Jovem Pan. E em 1953 inaugurou a TV Record, emissora que entrou no ar com equipamentos importados dos Estados Unidos. Tuta inovou na tevê, viabilizando com sua equipe a primeira transmissão direta Rio - São Paulo, em 1956, do jogo Brasil x Itália no Maracanã. Na década de 1960, iniciou uma história rica na comunicação, criando a Equipe A, formada por ele, Nilton Travesso, Manoel Carlos e Raul Duarte, responsável por programas como Fino da Bossa, Bossaudade, Família Trapo, Roberto Carlos e Hebe Camargo. Tuta foi homenageado com 10 Troféus Roquete Pinto (consecutivos), três Troféus Governador do Estado e dois Troféus TV Tupi. Em 1973, comprou todas as ações da Rádio Jovem Pan. Grandes eventos esportivos, reportagens especiais e as principais vozes do país passaram pelos microfones da Jovem Pan. Outras marcas Jovem Pan foram campanhas voltadas à prestação de serviços e em defesa da população, como "Jovem Pan Pela Vida, Contra as Drogas", "A família é o berço de tudo", "Já fui assaltado!" e "Brasil, país dos impostos".

Tuta tornou a Jovem Pan modelo de radiojornalismo no Brasil. "Tenho a certeza de que lutei o bom combate. Mas o êxito profissional depende da equipe, da solidariedade da família, dos amigos na hora difícil. A fidelidade aos fatos e a lealdade ao público sempre foram marcas registradas da nossa Jovem Pan. Na campanha contra a carga de impostos ou na cruzada contra as drogas, o objetivo sempre foi tornar a vida mais confortável, mais digna, mais decente."

INSTITUTO
JOVEM PAN

▲ **LOGOTIPO DA CAMPANHA**
Campanha de 12 anos nas ecolas públicas e particulares de São Paulo

capítulo

Armas de Combate

Um vídeo na tevê e uma realidade preocupante para as famílias, adolescentes experimentando drogas em São Paulo, motivaram Antonio Augusto Amaral de Carvalho, presidente da Jovem Pan, a criar em 2002, a campanha de prevenção Jovem Pan Pela Vida, Contra as Drogas. "Nenhum cidadão consciente pode ficar insensível à tragédia de uma família na qual um membro se deixa escravizar pela droga", ele defendia.

O objetivo era levar às escolas, dependentes de drogas em recuperação para depoimentos, acompanhados de psiquiatras ou psicólogos para explicarem como é a grave doença causada pelo uso de drogas, a dependência química. Doença reconhecida pela Organização Mundial da Saúde e pelo Ministério da Saúde. Palestras com exemplos reais para jovens não caírem no inferno das drogas.

Na época, era exibido na tevê, um vídeo antidrogas de apenas 29 segundos. Na avaliação de Antonio Augusto Amaral de Carvalho, que fez história na tevê e no rádio, "podia ser motivo de orgulho para o publicitário que criou, mas não atingia a criança, não mobilizava o menor".

O vídeo americano começava com um homem de braços cruzados numa cozinha, encostado num armário dizendo ao telespectador: "Estão dizendo que não é muito claro o que acontece com o usuário de droga. Vamos mostrar." Em seguida, o homem de camisa verde com mangas compridas e calça creme, com cabelo cortado, rosto sem barba, ia até o fogão, onde havia uma frigideira, seguia até a pia, para retirar um ovo de uma embalagem de uma dúzia, voltava ao fogão. Ficava na frente da frigideira, olhava para a tela e dizia: "Este ovo é um cérebro e a gordura quente na frigideira é a droga.". Ele jogava o ovo na frigideira, mostrava o ovo fritando, thsthstsh, e dizia: "É isso que a droga vai fazer com o seu cérebro." thsthstsh.

A Jovem Pan, modelo de radiojornalismo no país, sempre incentivou repórteres na busca de informações verdadeiras e inéditas para serem divulgadas com objetividade e, acima de tudo, na defesa dos direitos da população. Postura que motivou a emissora a lançar sua própria campanha, nesse campo.

Nas escolas, a única inciativa para crianças era da Polícia Militar, em São Paulo, que lançara o PROERD – Programa Educacional de Resistência às Drogas. Faltava campanha para jovens, para as famílias.

Era final de julho, mês de férias escolares. Foi quando fui chamada para reunião na sala do vice-presidente e diretor de redação, José Carlos Pereira da Silva, um homem alto, 1m80, magro, cabelos grisalhos, sempre de terno e acostumado a respostas rápidas e eficazes aos novos projetos. Fui convocada a buscar os dependentes em recuperação e os profissionais para a campanha começar em agosto, na volta às aulas. Faltavam apenas oito dias para acabar o mês. Iria ser difícil dormir naquela noite e nos outros sete dias de julho.

Naquele tempo, eu apresentava nos programas "Jornal da Manhã" e "Hora da Verdade", a seção Jovem Pan e Lincx Cuidando de sua Saúde, que tinha como objetivo mostrar as novidades em prevenção e tratamento de doenças. Eu entrevistava médicos que atendiam pelo plano de saúde Lincx, que reunia especialistas da Universidade de São Paulo, da Universidade Federal de São Paulo e dos hospitais Albert Einstein, Sírio Libanês e Oswaldo Cruz. Eles descreviam novidades em Medicina. Eu era também, em 2002, a chefe de reportagem da Jovem Pan. Como repórter, tinha entrado em rebeliões na Casa de Detenção para entrevistar presos e autoridades, durante conflitos. Fui a primeira repórter a entrar na rebelião que acabou com a FEBEM do Tatuapé, em 1999.

Agora, o desafio era encontrar jovens em recuperação pelo uso de drogas, que aceitassem dar depoimentos em escolas, e também profissionais que aceitassem ir com a equipe da Jovem Pan a palestras para alunos e professores. Eu não sabia nada sobre dependência de drogas e acabava de receber uma difícil missão para ser solucionada em duas semanas. Onde encontrá-los? Como convencê-los?

Eu não tinha respostas. Não conhecia nenhum dependente de drogas. Fui buscar, então, na internet, informações sobre a dependência de drogas e nomes de médicos. Mas a cada telefonema, mais ansiedade, porque o que lia e ouvia nos meios de comunicação, vinham em linguagem difícil de entender:

"É uma doença química pelo fato de que a dependência é provocada por uma reação química no metabolismo do corpo."

"O uso de substâncias psicoativas, ao contrário do que se pensa, não é um evento novo no repertório humano e sim uma prática milenar e universal, não sendo, portanto, um fenômeno exclusivo da época em que vivemos."

"O dependente caracteriza-se por não conseguir controlar o consumo de drogas, agindo de forma impulsiva e repetitiva. A dependência física caracteriza-se pela presença de sintomas e sinais físicos que aparecem quando o indivíduo para de tomar a droga ou diminui bruscamente o seu uso: é a síndrome de abstinência."

Já que eu não encontrava respostas nas clínicas, tive a ideia de conhecer dependentes. No final da noite, quando deixava a redação da Jovem Pan, continuava a busca. Precisava encontrar quem me desse um caminho. Até que encontrei o site de um grupo, que chamou minha atenção, a dos Narcóticos Anônimos, que se define como "irmandade mundial ativa em mais de 131 países e com mais de 58.000 reuniões semanais no mundo, reuniões gratuitas e abertas a todos os dependentes, com programa de total abstinência de todas as drogas e que faz somente uma exigência: o desejo de parar de usar".

Liguei para o número indicado e perguntei onde e quando haveria reunião naquela semana. Era numa sala da Igreja de Santa Cecília, bairro da região central de São Paulo, próximo onde moro, na quarta-feira, às oito da noite.

Cheguei meia hora mais cedo. Na sala pequena, sem janelas, só estava o coordenador fazendo anotações em uma ficha. Próximo dele, uma mesinha com uma garrafa térmica com café e copinhos plásticos. Cadeiras de plástico branco empilhadas estavam encostadas na parede. Disse meu nome, apresentei o crachá da Jovem Pan e expliquei o objetivo, pedindo autorização para assistir à reunião. Ele permitiu. Às oito da noite, começava a reunião, com uma prece, a Oração da Serenidade:

"Concedei-me, Senhor, a serenidade necessária para aceitar as coisas que não posso modificar, coragem para modificar àquelas que posso e sabedoria para distinguir umas das outras".

Na sala, jovens, adultos e uma senhora de cabelos brancos, muito triste. Os participantes eram convidados a contarem como vem sendo a recuperação:

"Hoje, tive vontade de usar, mas liguei para o meu padrinho e não usei."

(Todos têm padrinhos, integrantes do grupo para quem ligam quando sentem vontade de voltar a usar drogas.).

"Eu usei muitas drogas, fui preso, minha família me abandonou, fiquei na rua, roubei, tô cansado dessa vida, tô cansado..."

"Eu hoje consegui o meu primeiro emprego... tô ansioso..."

A senhora de cabelos brancos contou que estava lá para tentar ajudar a filha, que não aceitava tratamento.

Eu estava com a bolsa e agenda no colo, sentada próximo à parede e entre dois rapazes que contavam para o grupo:

"Tô muito cansado dessa vida. Eu já roubei, já fui preso... tô aqui buscando força pra não voltar a usar."

"Pela droga, eu até matei. Fui preso, me arrependi. Mas é difícil ficar sem a droga, gente... é muito difícil."

A sala foi ficando lotada. E às dez da noite eram três fileiras de cadeiras. Um rapaz, então se levantou e falou bem alto: "É hora de passar a sacolinha, gente." E brincou: "É pra pôr, não pra tirar dinheiro." E me apontou, ordenando: "Só a moça da Jovem Pan não precisa colaborar.".

Todos me olharam. Levantei para sair, mas fui comunicada de que um representante dos Narcóticos Anônimos estava chegando e queria falar comigo. Meia hora depois ele chegou e fomos para outra sala.

"Eu queria contar pra você...", começou dizendo, quando foi interrompido por outro integrante que pedia internação urgente para um rapaz que estava na sala. Aproveitei o momento para sair, mas os dois me alertaram: "Não saia sozinha porque você poderá ser assaltada na porta. É muito escuro e deserto, aí fora. A gente vai acompanhar você até o ponto de táxi, que é na esquina." De fato, a rua estava deserta e com pouca iluminação.

Depois de me despedir e agradecer entrei no táxi do ponto. O motorista cumprimentou os dois rapazes. Ao informar o endereço da minha casa, ele perguntou:

"Você estava na reunião dos Narcóticos?"

"Sim. Sou jornalista, fui conhecer – respondi."

"Jornalista, é?..."

O motorista me olhou pelo retrovisor com desconfiança, como seu estivesse inventando para poder justificar minha presença na reunião do N.A.. Fazia um frio de 17 graus naquela noite, eu estava com fome e confusa.

A reação do motorista de táxi, no entanto, revelou o preconceito contra dependentes de drogas. Nos dez minutos da corrida, eu me perguntava: como falar deste tema tão difícil para adolescentes nos colégios de São Paulo?

Eu olhava para o calendário e contava os dias. Já estávamos em 25 de julho e eu ainda não tinha respostas. Não tinha encontrado o profissional nem o dependente de drogas em recuperação para palestras nas escolas. Minha ansiedade me tirava o sono e o número de telefonemas aos profissionais triplicou.

Dois amigos com quem dividia minha ansiedade e angústia encontraram a solução. Os médicos Sílvio Corrêa da Fonseca e Jair Monaci, presidente e vice-presidente da Lincx Sistemas de Saúde, plano de saúde que patrocinava a minha seção no Jornal da Manhã e no Hora da Verdade, me recomendaram:

"Procura o Pablo."

Eles se referiam a um dos mais conceituados psiquiatras especializados no tratamento da dependência de drogas no Brasil e associado Lincx: Pablo Roig, um psiquiatra com currículo admirável.

"Especialização em psiquiatria no Hospital Italiano, um dos melhores da Argentina, em Buenos Aires, e também na Addiction Research Foundation em Toronto, no Canadá". Em 1986, Pablo Roig tinha criado em São Paulo a Clinica Greenwood, numa rua de mansões em Itapecerica da Serra, município paulista, a 35 quilômetros da capital. Um grande sítio com árvores, quartos amplos e arejados, piscina, equipe médica, enfermeiros e nutricionistas. Na Greenwood, são internados por dependência de drogas, filhos de banqueiros e empresários e doentes recomendados por psiquiatras dos Estados Unidos, da Suíça, Venezuela, Argentina, Portugal, Uruguai, Paraguai e de todos os Estados brasileiros.

Mas Pablo é mais do que tudo isso. Ético, profundo conhecedor da doença causada pelo uso de drogas, a dependência química, e rápido nas suas decisões, ele impressiona pelo tipo físico e charme. Com 1m78 de altura, 82 quilos, pele bronzeada, cabelo preto, sorriso que revela dentes perfeitos e sempre vestindo terno, chama a atenção pela beleza e pelo charme. E pelo português com sotaque espanhol. "A única coisa que a gente não perde é o sotaque, Izilda."

Liguei, então para o Pablo numa sexta-feira. Ele estava num congresso na Argentina e voltaria na manhã seguinte. Quando voltei a ligar, ele atendeu. Eu expliquei que era indicada pelo doutor Sílvio e pelo doutor Jair, da Lincx. Perguntou qual era o objetivo da campanha e, assim que eu expliquei, ele respondeu, para minha surpresa:

"Izilda não só vou participar como vou colocar todos os profissionais da minha clínica nesse projeto, porque acredito na prevenção."

Eu comemorava. Depois de uma extensa procura, tinha encontrado o profissional para acompanhar a equipe da Jovem Pan às escolas. Pablo Roig. Mas faltava ainda o dependente em recuperação. Como Pablo prometeu, ele indicou Raul, que havia ficado internado por um ano na Greenwood.

Raul, nome fictício para preservar sua identidade e sua família, é filho de empresário paulista. Sua internação na Greenwood foi por dependência de vários tipos de drogas—maconha, cocaína, crack, ecstasy, ácido e heroína. O encontro foi marcado num restaurante próximo ao campus principal da Universidade de São Paulo, bairro onde ele morava com os pais num confortável casarão com piscina.

No restaurante lotado com mesas e cadeiras brancas foi ele quem me identificou pela agenda verde que eu disse que estaria carregando.

Imaginem a cena: eu estaria jantando numa noite de terça-feira, 30 de julho de 2002, com um jovem da alta classe média de São Paulo que me revelaria ter participado do tráfico da Rocinha, a maior favela do Brasil, que já teve como líder Fernandinho Beira-Mar. "Eu poderia ter morrido, quando subi o morro da Rocinha, de terno e gravata, depois do meu expediente, fingindo que era paraguaio. Os traficantes estavam com fuzil. Tomei uma coronhada na nuca, caí escada baixo, mas subi outra vez. Acabei ficando amigo dos traficantes—todo fim de semana eu ia lá, transportava droga de um morro pro outro, dormia na favela".

Eu segurava o medo de estar ao lado de quem participou do tráfico. E olhava para aquele rapaz de voz suave, magro, 1m75, cabelos e olhos castanhos, de jeans, camiseta como se eu estivesse num filme. E a história dele estava apenas começando.

Durante duas horas, ele me contou uma história tão forte, que eu não consegui jantar, pensando que tudo aquilo poderia acontecer com meu filho, com colegas do meu filho. A cada descrição, era como se estivesse num outro mundo:

"Comecei com 15 anos, com maconha. Um amigo meu me chamou e disse "vamo fumá"? No começo, era só uma vez por mês, coisa meio secreta nossa; depois, no final de semana, na baladinha; e então foi aumentando cada vez mais. Depois, veio o ácido, achava o maior barato, porque acreditava que expandia minha mente, chá de cogumelo e ópio. Nos últimos anos, cocaína, crack, heroína. Eu ia experimentando tudo, me arriscava cada vez mais. Tava enlouquecendo. Foi quando entreguei a rédea da minha vida para outro e aceitei a internação. Por isso, para evitar que outros passem o que eu sofri é que aceito o convite de vocês para contar minha história para jovens nas escolas. Pra mim, a droga realmente destruiu a minha vida."

Como mãe de um adolescente de 16 anos, eu estava abalada, ouvindo aquele jovem sentado à minha frente, contando histórias de horror, causadas pelo uso de drogas durante 15 anos de sua vida. Quinze anos de sua vida! Cada palavra me revelava o poder destruidor da droga para quem usa e para sua família.

"Eu abandonei minha família. Não precisava de mais ninguém. Era eu e a droga. Até que me perdi, fiquei paranoico e vi um assassinato na minha frente. Aí, pedi ajuda. Mas eu poderia ter morrido antes, como vi muitos amigos meus morrerem."

Eu já respirava até com dificuldade por ouvir essa história forte que, naquele momento, para mim parecia um tsunami. E que vinha com o aval de credibilidade de Pablo Roig, que tratou Raul por um ano.

Como jornalista, olhava para o Raul e pensava na força desse depoimento para conscientização de jovens, quando Raul me chamou a atenção para um fato que acontecia na nossa frente:

"Tá vendo aquele rapaz que tá saindo? Ele acabou de deixar na mesa daquelas moças ali um pacote com cocaína."

Quando olhei, o rapaz já tinha ido embora. E Raul me disse:

"Olha só: essa que tá levantando tá com o pacotinho na mão. Observa como ela vai voltar."

Eu não conseguia entender. Mas o que vi me chamou a atenção. A jovem quando voltou para a mesa estava mudada: agitada, mexia com frequência no nariz, falava muito... "Ela cheirou", atestava Raul. Ali, em pleno restaurante de alta classe média de São Paulo, entrega de cocaína sem que ninguém notasse. A não ser quem já foi dependente.

O problema era maior do que eu imaginava.

Saí do restaurante, nas nuvens. Depois de dez dias de buscas intensas, tinha encontrado o profissional, Pablo Roig e o dependente em recuperação que tinha história nas drogas avalizadas pela Clínica Greenwood. Porque minha preocupação era também com a verdade dos fatos.

Agora, só faltavam as escolas para começar a campanha em agosto. Convidar os colégios, passou, então, a ser missão da repórter Renata Perobelli, que fazia reportagens sobre Educação.

Ela começou procurando o Colégio Santo Américo, onde estudam os filhos da elite paulistana. Fundado em 1951, por monges beneditinos do Mosteiro São Geraldo de São Paulo, está localizado no Morumbi, Zona Sul da capital, em rua batizada com o mesmo nome do colégio: Santo Américo. Fomos recebidas pelo reitor do colégio, Dom Geraldo Gonzalez y Lima, que depois se mudou para Roma para ser o tesoureiro da Cúria-Geral dos Beneditinos. Um colégio com reitor, denominação atribuída ao dirigente máximo de alguns tipos de instituições de ensino, podendo também designar o sacerdote responsável por um seminário ou por um santuário.

O reitor do Colégio Santo Américo perguntou quem faria a palestra e quando informei que o psiquiatra seria o doutor Pablo Roig, ele aceitou na hora. "Jovem Pan e Pablo Roig, quero para os alunos e para os pais também", pediu Dom Geraldo. O reitor do Santo Américo era amigo do irmão de Pablo, que se chama Alejandro, e sua sobrinha, Bárbara, estudava no Santo Américo. A amizade do irmão de Pablo com Dom Geraldo se acentuou porque o irmão frequentava a missa oficiada, pelo religioso no Mosteiro Beneditino.

Foram convocados, então, os técnicos da externa para acompanharem a equipe da Campanha às escolas. Os técnicos levariam aparelhagem de som para gravarmos as apresentações, que incluiria microfones. Aparelhos que teriam de ser ligados às caixas de som das escolas. Técnicos que passaram a desempenhar função vital para a Campanha porque a maioria das escolas públicas e particulares não têm caixas de som grandes para apresentações em quadras para todos os alunos. Muitas vezes, os técnicos da Jovem Pan, tiveram de ir buscar caixas de som emprestadas por escolas vizinhas.

O carro seria uma van, para transportar seis pessoas – motorista, eu, Renata, técnico, dependente em recuperação e psiquiatra. Íamos buscar o dependente e o psiquiatra em seus endereços e, depois, levá-los de volta.

O primeiro técnico de som escalado foi o experiente Jairo Ferreira, baixinho, calvo, extremamente competente e capaz de resolver qualquer problema que aparecesse na escola no momento da apresentação. Depois, André Santana e Francisco Palitos.

Nascia JOVEM PAN PELA VIDA, CONTRA AS DROGAS, nome criado pelo então chefe de Redação, poeta Álvaro Alves de Faria. O anúncio para o público foi em programa especial de duas horas na Jovem Pan, com o doutor Pablo Roig e o Psiquiatra Arthur Guerra do Hospital da Clínicas, explicando os efeitos das drogas e respondendo dúvidas dos ouvintes. Convidado a participar da Campanha, doutor Guerra não aceitou o convite. Pablo enfatizou:

"Estou neste projeto porque acredito que a prevenção, principalmente, com a participação do dependente é o caminho certo para conscientizar os jovens, os pais e os professores."

Após o programa, centenas de ouvintes ligaram para a Jovem Pan, pedindo a Campanha.

Pablo Roig, Raul e a equipe da Jovem Pan, estariam reunidos pela primeira vez em 6 de agosto de 2002, às dez da manhã, quando iniciamos no Colégio Santo Américo, a primeira apresentação de Jovem Pan pela Vida, Contra as Drogas.

Era apenas o começo. Mal sabíamos os perigos e os desafios que iríamos enfrentar.

Avaliações

1. O ex-ministro da Saúde, Adib Jatene, definia a campanha como fundamental: "só merece elogios":

"Iniciativa desse tipo, de conscientizar as crianças, os jovens, é absolutamente fundamental. Na base do nosso problema, os analfabetos funcionais são mais da metade da população e isso é uma deformação. Precisamos educar as populações e, principalmente, os jovens sobre os malefícios das drogas, senão vamos ficar numa posição muito complicada. Essa iniciativa da Jovem Pan só merece elogios."

2. Comerciante José do Carmo contou logo no primeiro ano da Campanha: descobriu que o filho era usuário de drogas assistindo ao depoimento do dependente e acompanhando as explicações de especialista:

"Através desta Campanha descobri que meu filho era usuário de drogas e que precisava de tratamento. Consegui a internação e, hoje, graças a Deus, ele está de volta à família."

3. Armando Capeletto, Orientador do oitavo ano do fundamental no Colégio Santa Maria, no Jardim Marajoara, Zona Sul de São Paulo:

"Surpreendemo-nos positivamente com a participação muito grande dos nossos alunos. Não esperávamos tantas perguntas. Eles vieram com sede de conhecimento. O grupo de vocês é fantástico. Essa disposição de ajudar é fantástica!"

Premiações

Jovem Pan Pela Vida, Contra as Drogas recebeu 26 prêmios em seus 12 anos. Campanha reconhecida pelas câmaras municipais, foi premiada pela OAB/SP, pela CNBB, pelo Ministério da Justiça, por Lojas Maçônicas, Rotarys, universidades e ADVB. No final dos capítulos, os importantes prêmios recebidos por esta iniciativa pioneira pelo importante trabalho de prevenção em 700 escolas públicas e particulares, universidades, além de outras importantes instituições de 39 cidades de São Paulo. Em 22 de abril de 2003, 1500 pessoas lotaram o auditório do Anhembi, na Zona Norte de São Paulo, para assistir a esta iniciativa pioneira.

O então presidente da Jovem Pan, Antonio Augusto Amaral de Carvalho, foi premiado quatro vezes pela realização da Campanha.

 Em 2003, pela Prefeitura de São José do Rio Preto (SP). Em 2004, pela Fundação Rotária com o Prêmio Benfeitor. Em 2012, homenageado pela Prefeitura de Itu pelos 10 anos de Jovem Pan Pela Vida, Contra as Drogas. E em 2014, recebeu do Ministério da Justiça o Diploma de Mérito pela Valorização da Vida 2014 pela contribuição de Jovem Pan Pela Vida, Contra as Drogas nas ações de implementação e fortalecimento da Política Nacional sobre Drogas.

A Campanha foi premiada duas vezes pela ADVB-Associação dos Dirigentes de Vendas e Marketing do Brasil, referência para a gestão empresarial.

 Em 2002 e em 2006, recebeu o TOP SOCIAL, que reconhece ações socialmente responsáveis. Jovem Pan Pela Vida, Contra as Drogas foi uma das 26 ações escolhidas entre 172 projetos inscritos, premiando a Lincx Sistemas de Saúde e a Jovem Pan.

 Um ano após sua criação, Jovem Pan Pela Vida, Contra as Drogas recebeu em 2003 dois importantes prêmios. Um em Brasília – *Prêmio Cidadania Brasil Exportação* -, promovido pelo Instituto Brasileiro de Desenvolvimento da Cidadania e pela Câmara do Comércio Árabe Brasileira por desenvolver projeto de ação social voltado para a comunidade brasileira. Em 2003, a Campanha também foi *escolhida por 70 jornalistas da Associação Paulista de Críticos de Artes como importante ação social.*

▲ PABLO ROIG
Psiquiatra e Diretor da Clínica Greenwood

capítulo 2

Comandante de Ataque

"Acredito que a prevenção é arma riquíssima contra as drogas. A proposta da Jovem Pan de atingir estudantes, levando dependentes em recuperação para contarem suas histórias, mostrava uma mensagem clara, fácil de entender, principalmente pelo adolescente que sempre tem uma oposição. Mas não há como se opor a quem conta sua própria história."

Pablo Roig mostrava toda sua convicção, ao aceitar, em julho de 2002, participar de Jovem Pan Pela Vida, Contra as Drogas.

Nosso reencontro para a entrevista a este livro foi em seu consultório no Morumbi, Zona Sul de São Paulo, na hora do almoço, único horário para uma agenda lotada em dezembro de 2015. Consultório formado por uma sala de espera com parede e carpete cinzas, móvel de madeira com espelho em frente ao sofá de couro preto e uma estante com livros de psicologia, psicanálise e exemplares do The American Journal of Psychiatry. Mesa grande de madeira, um divã, onde o paciente se deita durante a sessão de psicanálise, cadeiras de couro, fotos da esposa Kézia e da atriz Audrey Hepburn.

"Bela na carreira e na vida, Audrey Hepburn, foi Embaixadora da UNICEF, lutou pelos direitos das crianças no Sudão, El Salvador, Vietnã, Etiópia, Somália", admira-se o psiquiatra.

O doutor Pablo Roig dá aulas sobre dependência de drogas na Argentina e na Espanha, é autor do livro "Mitos e Verdades sobre Drogas", que está com edição esgotada, e desde 2014 vem escrevendo um livro sobre a dependência de drogas:

"Aprendi que dependência química é doença mutante. Começou com álcool, depois, apareceram, maconha, cocaína, cocaína injetável, anfetaminas, o crack, mudando permanentemente. Vimos que o tratamento de quatro semanas não funcionava porque a droga prejudica o funcionamento do lobo central do cérebro. No tratamento, demora de três a quatro meses para controlar impulsos e evitar recaídas. A família passou a ter participação primordial. Aprendemos também que é necessária uma equipe multidisciplinar para se criar um programa forte em recuperação. Para 30 pacientes, passamos a ter 80 profissionais: psiquiatras, psicólogos, clínicos, professores de educação física e nutricionistas."

Continua:

"Incluímos também um treinador de cachorros. Cada paciente é responsável por um cão. À medida que vai cuidando, vai recriando estima, carinho, sentimentos, que se perdem com o uso de drogas."

E completa:

"Aprendemos, com o tempo, que as internações voluntárias não eram tão eficientes se você não tinha também a involuntária, importante suporte para graves características de usuários de drogas, como agressão e autoagressão. Hoje, posso afirmar que não há nada igual à Greenwood, em infraestrutura médica e psicológica."

Foi com Pablo que vivemos na Campanha um dos momentos de maior tensão. Era 19 de fevereiro de 2003, oito da noite. Estávamos na Escola Estadual Professor Arnaldo Laurindo, no Parque Santo Antônio, Zona Sul da cidade, protegidos por seis policiais. Quando chegamos, fomos informados que os traficantes haviam anunciado toque de recolher. Os 250 alunos já estavam na quadra para nossa apresentação e uma bomba estourou na escola. A polícia não conseguiu identificar quem colocou a bomba. Não houve feridos. Por isso não cancelamos a apresentação.

Na quadra lotada, traficantes e usuários de um lado; do outro, mães, que estudam à noite.

Mudei toda a apresentação e pedi que a plateia fizesse perguntas ao doutor Pablo e ao dependente em recuperação. Colocava na frente de traficantes o microfone Jovem Pan. Nenhum deles fez perguntas.

Já as mães choravam e perguntavam como tirar os filhos das drogas, onde internar? Uma pergunta de difícil resposta No Hospital das Clínicas e na Escola Paulista de Medicina a espera chega a ser de seis meses a um ano.

Outra dificuldade é levar o dependente ao tratamento. Ele não aceita. E não há na rede pública, profissionais que acompanhem famílias para convencerem em casas ou nas ruas, quando filhos abandonam os pais, a aceitarem o tratamento.

Pablo comenta:

"Este é o mundo das drogas. Não é diferente dos pacientes que eu trato. Eles têm dinheiro, mas quando se tornam dependentes têm de ser resgatados em favelas ou são baleados em ruas da periferia. Já resgatei empresário em favela. Já internei senhor milionário de São Paulo, resgatado num hotelzinho de periferia, fumando 100 pedras de crack por dia. Cem pedras de crack por dia! Ele nos contou que já não tomava banho porque significava pausa em fumar o crack. Assim é o efeito da droga: satisfação imediata sem pensar no amanhã. Tráfico de drogas é o terceiro negócio mais lucrativo no mundo. Por isso, é preciso começar a educar para a responsabilidade e ajustar o tratamento às dificuldades do paciente. Muitos não conseguem se organizar, após o tratamento, porque têm dificuldades em português e matemática. Não adianta fazer pedidos a um paciente que perdeu memória usando droga. A maioria não consegue se organizar. Por isso na Greenwood temos o acompanhamento após a internação para colocar em ordem os documentos, a vida escolar e conseguir trabalho para cada um deles, atendimento feito na Greenwood no Ibirapuera, Zona Sul da cidade, onde são realizadas as consultas."

Na Greenwood, Pablo tem dois grandes aliados: o psiquiatra Cirilo Liberatori, seu sócio, e a psicóloga Helena Parolari, que se especializaram "na forma de encarar a doença do ponto de vista familiar". De seus dois filhos, só Juan seguiu a profissão do pai, psiquiatria, trabalhando com ele na clínica. Já Santiago se tornou dono de restaurante no bairro de Pinheiros, Zona Oeste de São Paulo.

Filho de ex-ministro da Economia na Argentina, Pablo aprendeu com os pais a valorizar a família, a responsabilidade e a importância de aprimorar, cada vez mais, seus conhecimentos. O pai, Miguel Roig foi empresário e presidente da associação que reunia os donos de empresas na Argentina. Quando Carlos Menem assumiu a presidência do país, em 1989, convidou o pai de Pablo para ser o ministro da Economia. Era um ano de hiperinflação na Argentina, superior a 3000%, com saques em supermercados e renúncia do presidente Raul Alfonsin:

"Menem havia se encantado pelo plano macroeconômico que meu pai havia criado. Na época, a situação da Argentina era um desastre. Após aceitar o convite, em uma semana meu pai perdeu sete quilos. Só trabalhava, trabalhava e trabalhava. Tinha 66 anos. Morreu de desgosto pela situação do país. Era um homem extremamente ético, responsável, honesto. Quando eu fui avisar ao presidente, às duas da tarde, sobre a morte do meu pai, Menem estava dormindo."

Quando fala da mãe, Pablo conta que era tão linda quanto a atriz Ingrid Bergman no filme Casablanca.

"Super culta, adorava ler, viajar, era muito divertida. Foi uma excelente administradora do lar e excelente mãe. Depois que meu pai morreu, ela fez uma longa viagem pela Europa, onde sofreu um derrame. Ficou dez anos numa cama, primeiro em hospital, depois, em casa com assistência médica."

Com os pais, Pablo Roig aprendeu que a grande revolução está na Educação. Cita Confúcio, filósofo chinês, que ensinava:

"Se você quer se planejar para um ano, plante milho.

Se quer se planejar para 10 anos, plante uma árvore.

Se quer se planejar para 100 anos, eduque a população."

E prevenção, enfatiza Pablo Roig, é educação.

Avaliações

1 Pediatra Clóvis Francisco Constantino, presidente em 2012 da Sociedade de Pediatria de São Paulo declara apoio à Jovem Pan Pela Vida, Contra as Drogas, inicia pesquisa sobre drogas com oito mil pediatras do Estado e declara em editorial no site da Sociedade de Pediatria:

"A Sociedade de Pediatria de São Paulo tem a finalidade de orientar o público na procura de melhor assistência de interesse na promoção, proteção e recuperação da saúde, na prevenção e cura de doenças e na recuperação de deficiências em crianças e adolescentes. Por isso entende que a Campanha da Jovem Pan, coordenada pela jornalista Izilda Alves, é de vital importância em defesa do presente e do futuro desta geração de jovens além de projetar informação e educação visando o bem das gerações futuras."

2 Sônia Regina da Silva Costa, diretora da Fundação Bradesco, no Jardim Conceição, em Osasco, onde apresentamos a Campanha para pais e alunos a partir de 10 anos:

"Esta Campanha é muito produtiva. Emociona. É muito importante para pais, professores e estudantes. Eu gostaria de pedir aos governantes que não autorizassem o uso de maconha porque o que a gente vê é a destruição de famílias."

3 Gustavo Brígide, Diretor do Colégio Arbos, em São Caetano do Sul, no Grande ABC/SP:

"Tenho que agradecer. O nível da palestra vem ao encontro do que trabalhamos no colégio. A presença da mãe na Campanha fortalece o combate às drogas e mostra, com clareza, a doença que o dependente acaba levando para a família. Parabéns!"

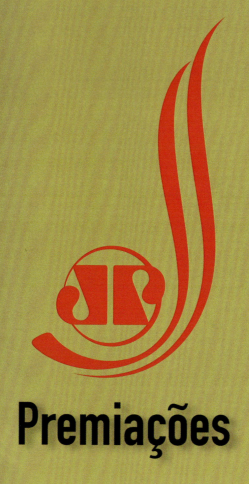

Premiações

Jovem Pan Pela Vida, Contra as Drogas recebeu 26 prêmios em seus 12 anos. Campanha reconhecida pelas câmaras municipais, foi premiada pela OAB/SP, pela CNBB, pelo Ministério da Justiça, por Lojas Maçônicas, Rotarys, universidades e ADVB. No final dos capítulos, os importantes prêmios recebidos por esta iniciativa pioneira pelo importante trabalho de prevenção em 700 escolas públicas e particulares, universidades, além de outras importantes instituições de 39 cidades de São Paulo. Em 22 de abril de 2003, 1500 pessoas lotaram o auditório do Anhembi, na Zona Norte de São Paulo, para assistir a esta iniciativa pioneira.

Ordem dos Advogados do Brasil/São Paulo escolheu a Campanha Jovem Pan Pela Vida, Contra as Drogas em 2008 para a Menção Honrosa do Prêmio Franz de Castro Holzwarth, concedido a personalidades que se destacam na defesa dos direitos humanos. Foi entregue em cerimônia na OAB/SP pelo então coordenador da Comissão de Direitos Humanos da OAB/SP, doutor Mário de Oliveira Filho ao então presidente do STF, ministro Gilmar Mendes, ao pastor Pedro Santana e à coordenadora da Campanha, que declarou: "Este prêmio é de todos que participam da Campanha Jovem Pan Pela Vida Contra as Drogas e do empresário Antonio Augusto Amaral de Carvalho, que não hesitou em colocar a marca de credibilidade da rádio em um assunto tão polêmico. Plantamos a semente todos os dias, despertando a consciência para esta grande epidemia e seus riscos."

▲ VISTA AÉREA DO COLÉGIO SANTO AMÉRICO
Primeiro colégio a conhecer a Campanha

ated # capítulo 3

A Primeira Batalha

"**Q**uem fui eu?", pensava o rapaz olhando para o auditório lotado de adolescentes bonitos, criados para serem campeões em tudo. Como num filme, ele via cenas de sua vida. "Eu não fumava. Não bebia. Era super contra. Experimentei por curiosidade, porque um amigo me falava que era um barato. Ele era muito engraçado. Me perdi. Virei cobaia de mim mesmo. Queria ter encontrado alguém que me desse um chacoalhão, quando estava prestes a começar a usar droga."

Como aqueles estudantes, ele também era filho de empresário, estudou em colégio particular e tinha pais que tornavam realidade todas as suas vontades. Estava sendo preparado para se tornar o sucessor do pai na empresa. Mas as drogas destruíram estes planos, iria revelar naquele seis de agosto de 2002, aos alunos e professores do Colégio Santo Américo, no Morumbi, Zona Sul de São Paulo. Era a primeira apresentação de Jovem Pan Pela Vida, Contra as Drogas. Lá estávamos eu, a repórter Renata Perobelli, o psiquiatra Pablo Roig, Raul (nome fictício para preservar a família) e o técnico de som da Jovem Pan, Jairo Ferreira.

Minha função era coordenar todo o processo e a Renata faria reportagem com alunos e professores no final da apresentação. Decidi ficar no auditório, delegando ao doutor Pablo Roig a missão de apresentar o Raul, que pediu para não ser fotografado.

Pablo estava ao lado de Raul no palco, acima do auditório, com soalho e mesa de madeira da escola religiosa tradicional. Entre os dois, o reitor do Santo Américo, Dom Geraldo Gonzalez.

"Bom dia a todos. Vamos agradecer a disponibilidade da Jovem Pan partilhar uma situação de veracidade de drogas que tanto nos aflige. Estas pessoas vêm acrescentar informações importantes ao nosso programa antidrogas. Convido a todos para se levantarem para a nossa oração inicial. Pai Nosso que estais no céu, santificado seja o Vosso nome..."

Raul ficou calado durante toda a oração. Com o uso de drogas, não tinha mais religião. Em recuperação, vinha redescobrindo valores, crenças, limites. Mas ainda se sentia tímido para orar. Após o Pai Nosso, Dom Geraldo pediu aos alunos para não desperdiçar a oportunidade. Apresentou o doutor Pablo Roig como referência nacional e internacional no tratamento de dependentes.

"Queria agradecer o convite para este projeto de prevenção. Não são apenas informações. Vocês vão conhecer uma pessoa que foi e voltou, conheceu um caminho de morte e outro de reconstrução da vida. Vão poder ver como é a dependência de drogas. Começa com uma curiosidade. Depois, se perde o controle sobre a quantidade. As consequências são eliminação de valores, mentiras, alteração do pensamento, graves prejuízos à saúde e, em muitos casos, a morte. Com este importante depoimento vocês vão ver como é fácil entrar e difícil sair. Obrigado Raul pela sua coragem e generosidade de revelar sua história para pessoas que você não conhece para sensibilizá-las sobre os riscos de se experimentar qualquer tipo de droga."

Todos olharam para o rapaz sentado entre Pablo Roig e Dom Geraldo. Alto, magro, cabelos pretos, camiseta, jeans e com a missão mais difícil daquela manhã. Iria revelar fatos graves de sua vida para pessoas desconhecidas:

"É a primeira vez que, na verdade, eu *tô* fazendo isso. Quando me chamaram, achei muito legal porque quando eu comecei a usar drogas, na minha escola não se tinha uma cultura de informar, era assunto meio proibido. Pra mim, a droga realmente destruiu a minha vida. Foi muito forte a decadência. Quando eu comecei, tinha 15 anos, era tabu, assunto proibido. Começou com a maconha. Um amigo meu me chamava *vamo fumá*? Fumava uma vez por mês, coisa meio secreta nossa. Depois, final de semana, quando ia para uma para uma festinha, baladinha. Até os 16 anos, morei no Brasil. Depois fui estudar fora. Foi quando experimentei ácido. Achava um barato porque expandia a mente. Depois, cogumelo, ópio, com uso bastante intenso. No começo, era super tranquilo queimava um de vez em quando, segurava a onda. É uma sedução que você não vai percebendo e vai destruindo tudo que você vai conquistando. Você para de sentir, para de entrar em contato com seus sentimentos. No meu caso, acabei largando a maconha e o haxixe (maconha mais forte) porque não fazia mais sentido. Enchia a cara e saía cheirando cocaína."

Passaram-se 12 anos de sua vida. Abandonou a família, os amigos, os estudos e não conseguiu parar em emprego. Faltava, não cumpria as ordens, pedia demissão. Perdeu todos os valores que os garotos e meninas à sua frente acreditavam: amizade, solidariedade, sinceridade, honestidade. Trocou tudo pelo uso de drogas.

"Durante esses 12 anos parei de viver. Eu gostaria de lembrar da minha vida com sentimento e não somente de *flashes* como se fosse a vida de outra pessoa. Parar de ter sentimentos foi a consequência da droga que mais me assustou. O meu pai teve câncer tirou uma parte do rim, da costela. Eu *tava* tão drogado que só estava esperando ele sair do hospital. *Tava* com câncer ia sair rápido e eu ia dar uma passadinha rápida em casa pra falar com ele. E eu me arriscava cada vez mais. Fui pro Rio de Janeiro e subi o morro da Rocinha. Os traficantes estavam armados com rifles. Eu, de terno e gravata, imitava um paraguaio perguntando: *Me gustaria saber se por aquí hay alguna cosa, alguna droga?* Tomei uma coronhada na nuca, caí escada abaixo, e subi outra vez. Eu era invencível. Por muita sorte não tomei um tiro, não morri. Fiquei amigo dos traficantes. No final de semana, dormia na favela, transportava cocaína de um morro pra outro."

O rapaz para, toma água, fôlego. Mas o que mais precisa naquela hora é coragem para contar uma das consequências mais terríveis. O dia em que fez os pais e as irmãs fumarem maconha:

"Meus pais viviam me cobrando, queriam que eu parasse de usar drogas. Eu insistia na ideia de que se eles tomavam a taça de vinho deles no almoço, por que eu não podia fumar minha maconha, tomar meu ácido? De tanto eu insistir nessa ideia, um dia meus pais me disseram que iriam experimentar maconha. Duas irmãs e um cunhado também quiseram experimentar. Como não podia deixar de ser, enrolei aquele baseado, bem grande, e a gente fumou. Éramos cinco. Estávamos na sala da nossa grande casa, em São Paulo. Meu pai teve uma crise, entrou em paranoia, achando que a janela estava puxando ele, porque tinha que cumprir uma missão da família. Tanto a mãe quanto o irmão dele tinham se suicidado. E ele passou a acreditar que tinha de se suicidar também. Minha mãe passou muito mal. Minhas irmãs e meu cunhado ficaram muito mal. Depois disso, meus pais disseram chega! E começou uma briga grande. Você tem que parar, eles diziam. E eu retrucando, tô sob controle. A partir dessa experiência, rompi com minhas cinco irmãs e um irmão, brigando com todos eles. Fiquei extremamente agressivo, *chutando o pau da barraca*, rompi com minha família. Não falava mais. Foi um dos momentos mais tristes. Eu não me deixava mais ser amado. Não precisava mais de afeto. Tinha que ser do jeito que eu queria, como eu queria. Esse era o meu conceito de liberdade."

Eu olhava para os rostos daqueles 300 estudantes e via mãos levadas à boca retratando perplexidade, rostos com lágrimas e um silêncio só quebrado pela voz de Raul, que falava em liberdade, loucura, solidão e morte.

"Fui para o Peru, fui para a Bolívia, depois, Curitiba, ficar na fazenda de um amigo meu. Eu gostava de escalar e na fazenda dele tinha várias rochas, porque ele também era escalador. Ele usava muita droga. Era muito louco. Uma noite a gente saiu pela cidade pra gandaia e ele decidiu sair com um 3oitão (revólver 38). Um carro parou atrás da gente, o motorista saiu pra trocar de lugar. Meu amigo deu um tiro e matou o rapaz. Ele achava que o moço ia atacar a gente. Era um surto. Eu considerava esse amigo um brother, mas, na verdade, era só um cara que eu usava droga junto. No dia seguinte, quando acordei, meu amigo tinha se suicidado no quarto dele. Pendurou uma corda no teto e se enforcou. Eu chorei um pouco, depois esqueci na balada, usando droga."

Pausa. Prossegue:

"São muitas histórias, muita loucura, *coisa* muito forte. Morte em favela troca de tiro aqui e ali, gente morrendo por injetar heroína nos dedos do pé porque não tinha mais onde injetar, gente com convulsão. É uma sedução que você não vai percebendo e destruindo tudo o que conquistou. Dá pra curtir tanta doideira sem precisar usar nada. Esporte, balada, não precisa ficar doidão."

Raul balança a cabeça, pede a Pablo para abrir para perguntas. Ele se prepara, tomando água. Os alunos teriam que ir até o microfone no início do auditório. Microfone montado por Jairo Ferreira que cuidou de toda a gravação da apresentação. Reitor, professores e estudantes tinham curiosidade sobre motivos para o uso, recuperação, sexo e morte.

Aluno:

"Raul, você já teve vontade de se matar?"

Raul:

"Eu nunca pensei em me suicidar. Mas eu era um *kamikaze*, de certa forma eu queria morrer, tamanho era o risco que eu procurava. Vivia em constante desafio. Usar droga acaba sendo uma postura muito suicida."

Reitor:

"Por que precisava usar? O que te levou a experimentar droga?"

Raul:

"Primeiro, foi pura curiosidade. Amigo me falava que era um barato legal, mas eu era super contra. Não fumava, não bebia. Mas o cara que me oferecia era muito engraçado. Então experimentei a maconha. Usava para embalar o meu uso de maconha o Bob Marley, os rastafáris. Fumava baseado todo dia. Depois, maconha já não me satisfazia. Queria participar da galera alternativa. Comecei experimentando ecstasy, depois ecstasy com ácido e depois, sinceramente, me perdi. Virei cobaia de mim mesmo."

Pablo Roig:

"A dependência de drogas é uma doença. A droga vem para complementar o que faz falta na vida da pessoa. Depressão tratada com cocaína, inibição tratada com maconha. Só que ao optar pela droga a pessoa cai numa armadilha. Passa a viver impulsivamente sem pensar nas consequências. Há uma experiência com rato que mostra bem isso. Primeiro, deixaram o ratinho sem se alimentar, só tomando água e usando cocaína. Depois, puseram uma fêmea no cio para ver como seria a reação do rato. Ele preferia a cocaína, ignorava a fêmea. Cercaram com fios a gaiola, então. Para dificultar chegar à cocaína o ratinho tomava choque elétrico. Mesmo assim ele tomava choque para cheirar cocaína. Entrava em convulsão e usava cocaína. Os cientistas decidiram, então, liberar o uso. O ratinho entrava em convulsão e quando se recuperava voltava a cheirar cocaína. Uma nova dificuldade foi criada: o ratinho teria de tocar no botão para cocaína de sete a oito mil vezes para conseguir cheirar essa droga. E ele fazia isso. Uma experiência que mostra como se passa a viver em função da droga. E sentindo exatamente o contrário do que se procura. Quem está deprimido e acha que vai encontrar solução na cocaína acaba ficando o mais deprimido ainda e com distorção do pensamento. Perde valores, perde noção da preservação da pessoa e da espécie. Passa a viver de impulsos. No tratamento, temos de recuperar todas essas perdas."

Aluno:

"Raul, você usava droga para aumentar o tesão?"

Capítulo 3 — A Primeira Batalha

Raul:

"No começo, eu adorava fumar maconha pra depois transar. Depois, ficava tão chapado que não tinha tanto interesse em fazer sexo. Com cocaína, era frustrante. Não respondia fisicamente, porque *tava* muito chapado. Isso acontece com 99% da galera no nível que eu cheguei. O teu corpo não responde, não reage, o tesão não é suficiente. Todas as drogas acabam provocando alteração no desempenho sexual. Diminuem o desempenho sexual."

Professora:

"Como foi sua recuperação?"

Raul:

"A internação foi a experiência mais forte. Eu decidi me internar num domingo, mas antes fui pra favela me acabar nas drogas, porque era minha despedida, tinha que me acabar um pouco mais. Para a internação, fui com meus pais. Quando a gente chegou na Greenwood vi uma máquina de refrigerante. E perguntei se não tinha máquina de cerveja lá. Eu era prepotente e queira ditar as regras do meu tratamento para a clínica. Era um cretino arrogante. Como eu tinha decidido me internar, eu falava com a equipe de profissionais como iria ser o meu tratamento. Depois de um mês, eu queria sair, o tratamento tava *pegando*, tava mexendo muito comigo. Foi aí que meus pais bancaram a decisão mais difícil do mundo, determinaram assinando documento que eu ficaria internado. Estavam preocupados comigo, achavam que eu ia pirar de vez... mas, na verdade, era tudo que eu *tava* precisando: limite. Meu pai repetia: eu prefiro o meu filho a vida inteira internado do que na rua, sabendo que ele vai morrer a qualquer minuto. Eu não tinha limites, nenhum. Eu realmente precisava me tratar para sair dessa. Foram onze meses de internação. Fases intensas para quebrar tudo que eu acreditava ser verdade. Primeira etapa, mudar meus valores invertidos; depois, reconstrução, me entender como pessoa e com valores, projeto de vida mais coerente do que eu tinha até então. Até que tive alta e estou limpo até hoje, 2002, UM ANO E MEIO LIMPO! Com muita dificuldade."

Pensa mais um pouco. E continua:

"Difícil. Por outro lado, eu consigo sentir aquilo que minha mãe me passa, o que meu pai me passa, minhas irmãs, meus irmãos, meus amigos me passam. O maior benefício de volta após a internação, sentir que eu era amado e podia passar esse amor *pras* pessoas de uma forma legal e com meu estilo. Adoro esportes radicais, no trabalho sou persistente ao conduzir negócios, só que sei o que está rolando. Não é mais fantasia, que fazia com que todo mundo ficasse de fora e só eu dentro. Esta, a importante mudança, que o tratamento me trouxe."

Aplaudidos de pé, Pablo e Raul terminam a apresentação, que durou duas horas. Renata ouve alunos e professores que elogiam a iniciativa. Todos repetiram:

"Ouvir o depoimento de quem usou drogas faz muita diferença. Mostra claramente os riscos de experimentar."

Sucesso na primeira apresentação, Jovem Pan Pela Vida, Contra as Drogas seria apresentada na outra semana em outro colégio particular. Mas o criador da ideia, Antonio Augusto Amaral de Carvalho, estava inquieto. E me chamou para questionar:

"Será que nós vamos continuar conseguindo dependentes em recuperação para depoimentos em outras apresentações? É muito difícil, Izilda."

Eu olhei para Tuta e pedi um voto de confiança:

"Nós teremos Tuta, de ter um maior número de dependentes em recuperação porque alguns poderão desistir no dia da apresentação, outros poderão recuar com medo da plateia. Não é fácil conseguir voluntários. Mas me dê um voto de confiança. E eu vou me empenhar para colocar em prática sua proposta, que já na primeira apresentação revelou a força desta iniciativa pioneira."

Tuta aceitou. Começava naquela primeira semana de agosto de 2002 uma persistente procura por outros dependentes em recuperação e profissionais para se tornarem voluntários desta Campanha, que foi apresentada durante 12 anos de segunda a sexta-feira em 700 escolas públicas e particulares de 39 cidades. E como apresentação especial para 1.500 pessoas em 22 de abril de 2003, no Anhembi, um dos maiores centros de convenções do país.

Naquela primeira semana de agosto de 2002, passei a dividir todas as horas do meu dia visitando clínicas, reuniões dos Narcóticos Anônimos, entrevistando dependentes em recuperação que mandavam cartas à redação da Jovem Pan. Minha vida se transformou numa corrida contra obstáculos cada vez mais fortes.

As nove drogas mais conhecidas

BEBIDA ALCOÓLICA: Não existe consumo de bebida alcoólica sem riscos. Especialistas explicam que o álcool contido nas bebidas é cientificamente conhecido como etanol e é produzido através de fermentação ou destilação de vegetais como a cana-de-açúcar, frutas e grãos. "Quanto mais precoce o início do consumo de bebidas alcoólicas, maiores são as chances de danos cerebrais e riscos à saúde. Como o corpo do adolescente está em crescimento, o consumo da bebida alcoólica pode prejudicar a formação dos órgãos, danificar o cérebro e prejudicar a capacidade de aprendizado." A Lei federal proíbe bebida alcoólica até os 18 anos, mas na Campanha da Jovem Pan contaram que bebiam em festas e nos condomínios. Bebida alcoólica facilita o experimento de outras drogas. E na adolescência, há maior risco para desenvolver o alcoolismo. Bebida alcoólica causa depressão, agressividade, diminui o julgamento, aumenta o risco para sexo sem proteção, aumenta o risco para acidentes de carro, causa prejuízos à memoria e ao aprendizado, e, a médio prazo, é risco para desenvolver gastrite, úlcera e cirrose. O uso contínuo de bebida alcoólica pode obstruir o fluxo do sangue para a cabeça do fêmur, causando a necrose (morte) da cabeça do fêmur, o mais longo osso do corpo. O primeiro sintoma é dor na virilha.

MACONHA: É proibida no Brasil porque causa dependência física e psicológica. É risco para surtos psicóticos e esquizofrenia. É usada também no preparo de bolos, doces ou fumada no narguilé. Maconha prejudica a memória, a atenção e o aprendizado. Depois de 24 a 48 horas, a maconha ainda afeta a coordenação motora, a percepção das cores e a noção de tempo. Um único baseado (cigarro de maconha) fica agindo no cérebro por até um mês. Crianças entre oito e nove anos já fumam maconha no Brasil. Sinais que indicam o uso: boca seca (não consegue salivar), fala muito devagar, ponta do dedão e do indicador amarelos, fome exagerada.

COCAÍNA: É proibida porque causa dependência. Com o uso, o nariz sangra, a pupila fica dilatada, os dentes travam, o usuário se torna agressivo, toma bebidas alcoólicas e quase não se alimenta. A cocaína pode causar severa depressão, delírio, náusea, irritabilidade e alucinação. É risco para pressão alta, ansiedade e convulsão. Cheirar cocaína, pelo menos, uma vez por mês, já aumenta o risco de ataque cardíaco. Estudos revelam infartos até três horas após o consumo mesmo em jovens. Pode causar hipertrofia cardíaca, endocardite infecciosa e aceleração da aterosclerose, revelam pesquisas.

CRACK: Causa dependência já no segundo ou terceiro uso. Prejudica cérebro, coração, pulmões e rins. Causa infarto e derrame. Seu efeito dura, no máximo, cinco minutos. 35% dos suicídios por uso de drogas têm associação com o uso de crack. Para conseguir dinheiro para comprar a droga, o usuário do crack furta, rouba, se prostitui e até mata. Dependentes de crack com o vírus da Aids tem pior evolução da doença. Grávidas que fumam crack põe em risco a vida dos filhos. Os bebês já nascem com vontade usar a droga, têm convulsões, tremores e risco aumentado para retardo mental.

LANÇA-PERFUME: Foi proibido no Brasil em 1965 após grande número de mortes por parada cardíaca. Pode causar até câncer. Provoca tontura, falta de coordenação motora e desmaio. Caso de câncer por uso de lança-perfume é relatado pela cirurgiã dentista Sandra Crivello:"Atendi paciente com tumor maligno, causado pelo lança-perfume, que também provocou o aparecimento de carne esponjosa que saía pelo nariz Depois da operação, foram necessárias sessões de radioterapia. Somente depois, foi possível reconstruir o rosto com cirurgia plástica."

ECSTASY: Causa dependência e prejudica cérebro, coração e rins. Parece comprimido, mas sem marca no meio e sem nome de laboratório. Pode causar infarto até em adolescentes. Causa quadros psicóticos e depressão. Quem tomou ecstasy, descreve os efeitos: "Dá uma sede, que parece que você está secando. Você toma muito líquido. Mas o ecstasy causa dificuldade para urinar. Meu estômago parecia que fechava. Ficava, às vezes, dois três dias sem comer, com vontade de vomitar, com dor na barriga, parecia que queimava tudo. A gente fica com medo de tudo. O ecstasy tirou todo o meu sentimento."

HEROÍNA: É droga que vicia rapidamente. Causa dependência, síndrome de abstinência (inquietação, dores ósseas e musculares, insônia, diarreia, vômitos, tremores e movimentos das pernas. O pico dos sintomas ocorre entre 24 e 48 horas e pode durar uma semana, sendo que alguns sintomas podem se prolongar por meses), artrite, endocardites, hepatites B e C, HIV, tuberculose, pneumonia, alterações de fígado e dos rins. Pode causar a morte por overdose.

KETAMINA: Também chamada Special K, é anestésico usado em cirurgias de cavalos. Provoca danos no sistema urinário, que podem levar à retirada da bexiga. Dependente dessa droga descreve seus efeitos: "Começou com câimbras no estômago e dificuldade para urinar. Aí eu cheirava mais para tentar me livrar das dores. Com o tempo, passei a urinar sangue e pus. Ficava na cama me contorcendo de dor e não tinha nada que pudesse fazer." Prejudica também os rins e o fígado.

N-BOMe: É o nome de uma droga minúscula capaz de causar alucinações de 12 a 15 horas, com risco de morte. É vendida em festas em São Paulo. É droga sintética. Cada selinho tem um centímetro. Nas festas, o N-BOMe é confundido com o LSD, que tem formato e uso semelhante. O perito José Luiz da Costa, ex-presidente da Sociedade Brasileira de Toxicologia, com especialização nos Estados Unidos sobre novas drogas sintéticas, alerta: para experimentar o N-BOMe não é preciso ser usuário de outras drogas. José Luiz da Costa descreve esta droga como letal: "Ela não existe em pó porque a quantidade que se tem neste selinho é da ordem de um a dois miligramas. É uma substância extremamente difícil de ser detectada no sangue porque as concentrações são muito baixas. Tem efeito semelhante ao LSD, mas é mais ativo e mais potente, com alucinação auditiva e visual. Aumenta muito a frequência cardíaca e a pressão arterial, mas sem relato de parada cardíaca induzida por causa da droga. O efeito dura de 12 a 15 horas. Não há relatos de morte de overdose causada pela droga, mas há casos de morte pelo uso da droga.". O NBOMe é droga sintética que começou a ser produzida em 2003, na Alemanha. Seu propósito inicial era de marcador de atividade de receptores de serotonina (uma substância química envolvida na comunicação entre as células nervosas), no cérebro. Como droga, ficou conhecida no exterior há cinco anos. No Brasil, chegou entre 2011 e 2012 e, após sucessivas apreensões em 2013, em estados como São Paulo e Santa Catarina, foi proibido, em fevereiro de 2014. Nesta data, a Agência Nacional de Vigilância Sanitária colocou 11 variações do NBOMe (como o 25I-NBOMe ou 25B-NBOMe) na lista de substâncias proibidas.

Avaliações

1 Ordem dos Advogados do Brasil de São Paulo forma comissão em novembro de 2010, para fazer cumprir a lei federal que proíbe venda de bebidas alcoólicas para adolescentes. E convida a Campanha da Jovem Pan para participar da Comissão. O criminalista Cid Vieira de Souza Filho, então presidente da Comissão, declara:

"É inadmissível a permissividade dos pais, que colocam ambulâncias nas portas de suas casas quando fazem festas com bebida para os filhos adolescentes. É inadmissível o que a gente vê de madrugada nas ruas, adolescentes embriagados indo para as baladas. É inadmissível municípios autorizando festas raves, que não trazem nenhum benefício para essas cidades. Convidamos você, Izilda, para participar por toda a experiência acumulada como Coordenadora desde 2002 de Jovem Pan Pela Vida, Contra as Drogas e combatendo este grave problema causado por drogas no País."

2 Joyce de Nicola, Coordenadora do Colégio CETEC, no Jabaquara, Zona Sul de São Paulo, que pediu a Campanha por 10 anos:

"Durante dez anos recebemos a equipe da Jovem Pan na nossa escola para ministrar a palestra Pela Vida, Contra as Drogas. Um trabalho maravilhoso com muito profissionalismo e dedicação. Os alunos do Colégio CETEC tiveram informações valiosas que acabaram contribuindo para alertá-los sobre os perigos das drogas. Agradecemos sempre por todo carinho e atenção."

3 Leda Maria de Oliveira Soares, Orientadora Educacional do Colégio Rio Branco, Unidade Higienópolis, bairro nobre da Zona Oeste de SP:

"Esta Campanha é um ato de coragem. Assim classifico cada depoimento dos dependentes em recuperação, da Campanha Jovem Pan Pela Vida, Contra as Drogas."

4 Adriana Giorgio, Orientadora Educacional do Colégio Pentágono, em Alphaville, bairro nobre do município Santana de Parnaíba, na Grande São Paulo:

"O depoimento do dependente atinge o coração e a mente. Essa abordagem diferente da Campanha é muito enriquecedora e diferente do que a escola faz. O depoimento mexe com a moçada."

Premiações

Jovem Pan Pela Vida, Contra as Drogas recebeu 26 prêmios em seus 12 anos. Campanha reconhecida pelas câmaras municipais, foi premiada pela OAB/SP, pela CNBB, pelo Ministério da Justiça, por Lojas Maçônicas, Rotarys, universidades e ADVB. No final dos capítulos, os importantes prêmios recebidos por esta iniciativa pioneira pelo importante trabalho de prevenção em 700 escolas públicas e particulares, universidades, além de outras importantes instituições de 39 cidades de São Paulo. Em 22 de abril de 2003, 1500 pessoas lotaram o auditório do Anhembi, na Zona Norte de São Paulo, para assistir a esta iniciativa pioneira.

A Jovem Pan recebeu o Prêmio "Mama África" do Centro Cultural Africano em 2011, na Hebraica, em São Paulo. O diretor-presidente do Centro Cultural Africano, o príncipe Otumba Adenkule Aderonmu e o chanceler do Centro Cultural Africano, Nelson Rocha, enalteceram o trabalho da Jovem Pan. O prêmio foi criado para promover e reconhecer projetos e ações que beneficiem a comunidade afro-brasileira e que cubram as áreas de educação, cultura, artes, comunicação, publicidade, política e personalidades. O prêmio foi recebido pela coordenadora Izilda Alves, em companhia do advogado Mário de Oliveira Filho, assessor jurídico da campanha, da cirurgiã dentista Sandra Crivello e da psicóloga Elza Lopes, integrantes do Jovem Pan Pela Vida, Contra As Drogas.

Em 2013, recebeu do Conselho Estadual de Políticas sobre Drogas e da Secretaria Nacional de Política sobre Drogas, o Diploma de Mérito pela Valorização da Vida.

Em 2014, recebeu a Medalha do cinquentenário da Associação Brasileira das Forças Internacionais de Paz da ONU, entregue em novembro, na Câmara de São Paulo, "por demonstração de patriotismo e cidadania pelo encaminhamento de jovens para uma vida sem drogas".

▲ USO DE CRACK POR ADOLESCENTE EM RUA PRÓXIMA À CRACOLÂNDIA NO CENTRO DE SÃO PAULO.

capítulo 4

Mais Poderosos Que uma Bomba

Coragem e generosidade marcam os dependentes em recuperação, que aceitaram expor suas vidas nas drogas para conscientizar crianças, adolescentes, pais e professores na Campanha da Jovem Pan. Mas não é fácil expor publicamente perdas e sofrimentos. Mesmo assim, todos que participaram, destacaram que ao contarem suas histórias reforçavam suas recuperações, evitando, portanto, voltar ao uso.

A declaração de um dependente, que pediu para o nome não ser divulgado, expressa com muita clareza o que disseram muitos.

"Na Campanha me sinto salvando vidas e ajudando a me lembrar de onde vim, o que fiz. Não quero voltar para aquele passado de tristeza, mentiras, solidão, confusão, vazio. Realmente um inferno! Pois a droga faz isso e muito mais. Mas não é só comigo, a minha família sofreu muito com a minha doença."

Posso sintetizar numa frase um padrão de atitude que vem de moças e rapazes de todas as classes sociais internados por dependência de bebida, maconha, cocaína, crack, ecstasy, heroína ou de uma combinação de várias dessas drogas, senão de todas elas. Essa síntese é assim:

"Eu tenho uma doença marcada por quatro *Cs*: clínica, cadeia, cracolândia e cemitério. A droga causa uma vontade incontrolável de voltar ao uso, por isso se chama dependência. E por essa vontade se faz de tudo: rouba, se prostitui, abandona a família. A maioria dos meus colegas de uso já está no cemitério: morreu por overdose ou por dívida com traficantes. Outros estão na cadeia por roubo de carros e assaltos em saídas de bancos. Outros se perderam nas cracolândias. Eu consegui ir para uma clínica e estou aqui para contar como é ficar viciado em drogas. Minha doença não tem cura e para manter minha recuperação tenho de evitar os que usam e não frequentar bares ou festas onde há bebida, maconha e outras drogas. Sabe por quê? Um gole de cerveja poderá despertar minha memoria eufórica e ter vontade incontrolável de usar a minha última droga. Tenho de ficar sem bebida e outras drogas por toda a vida. Porque com drogas eu só perdi."

Ao mesmo tempo em que eu e toda a equipe da Jovem Pan precisávamos descrever a verdade sobre as consequências do uso de drogas nas palavras de quem usou, precisávamos informar às plateias quem indicou e onde o dependente ficou internado para não haver dúvidas sobre suas histórias.

Toda a equipe contou com a importante colaboração de dez conceituados especialistas que voluntariamente participaram como palestrantes e também indicaram dependentes em recuperação para depoimentos. A psicóloga Maria Diamantina Castanheira dos Santos, diretora da Clínica Reviva, Ivanildo José, presidente da Casa Dia São Paulo, Alexandre Araujo, presidente da Associação Intervir e também presidente da ONG Faces&Vozes da Recuperação, psicólogas Ana Lúcia Mazzei Massoni e Ana Laura Parlato, então diretora da Clínica Viva, psicólogo Mateus Fiuza, Miguel e Regina Tortorelli, coordenadores do AMOR EXIGENTE, no Jardim França, Zona Norte de São Paulo, Olga e Robson Larosa, coordenadores do AMOR EXIGENTE nas cidades do ABC paulista: Santo André, São Bernardo do Campo e São Caetano do Sul.

A situação dramática dos dependentes é contada, a seguir, por eles próprios. O primeiro é João Blota, cujo nome inteiro aparece porque tornou pública sua história no livro "Nóia – a história de quem sobreviveu 15 anos nas drogas", publicado por sua própria Editora 300. João se tornou publicitário em São Paulo e transformou sua recuperação em missão. Ele realiza palestras que têm emocionado e conscientizado pais, alunos e professores. Na história de João, o retrato de um Brasil recordista, no mundo, em consumo de crack, com um milhão de dependentes!

"O crack chega ao cérebro em oito segundos e cria dependência já no primeiro ou no segundo uso", alerta o psiquiatra Pablo Roig, diretor da Clínica Greenwood. O psiquiatra Marcelo Ribeiro, da Universidade Federal de São Paulo concorda com o colega. Segundo Pablo: "Um dependente chega a fumar de 20 a 40 pedras de crack, por dia. Os efeitos surgem em 10 a 15 segundos e duram, no máximo, cinco minutos." Como enfatiza Marcelo: "O crack prejudica além do cérebro, o coração, os pulmões e os rins".

Com a palavra, João, que chegou a fumar 40 pedras de crack por dia, em São Paulo:

"Usei drogas por 15 anos. Comecei aos nove, com cola; depois, maconha, cocaína e crack, drogas que experimentei com colegas de escola e de festas. No desespero, minha mãe, dona Dagmar, invadiu pontos de venda de drogas, deu tapas no rosto de traficantes gritando 'Larga o meu filho! Para mim ele é único! Eu não vou desistir do meu filho!' Ali, ela poderia ter morrido. Com a doença, dependência de drogas, eu aumentava a cada dia a quantidade de cada uma delas. No crack, cheguei a fumar 40 pedras por dia! Os dedos queimados latejavam cada vez que eu sentia o fogo do isqueiro queimar um pouco mais a pele. O medo era incontrolável dentro de mim. Eu me agachava e colocava qualquer pedacinho de pedra na boca pra sentir o amargo do crack e aí fumar mais um pedacinho, a sujeira tomava conta do meu corpo e da minha alma. Não conseguia dormir, não conseguia comer, ficava o tempo todo escondido, tentando ouvir o barulho da morte, que, na minha cabeça, me espreitava a cada segundo. Tudo o que a gente tem, vende. Até as coisas da casa. Eu perambulava a noite inteira atrás da sensação da primeira pedra que fumei.

Mas quando o dia nasce a sensação é horrível! O desespero aumenta, aí faz qualquer coisa para se manter louco. Toma cachaça, fuma maconha, raspa o cachimbo com uma faca e fuma aquela raspa misturada com ferro e cinza, pega bituca no meio da rua e fuma até o filtro. Minha sorte é que minha mãe nunca desistiu de mim, da minha recuperação. Ela vendeu até o único bem da família, um pequeno imóvel, para pagar minhas internações.

Foto: © Carlos Torres
▼ CRACOLÂNDIA NA AL. DINO BUENO, ONDE HÁ ESCOLAS E PRÉDIOS RESIDENCIAIS NO CENTRO DE SÃO PAULO

Fiz minha mãe chorar, perder noites de sono. Mas transformou essa dor numa força que se renovava a cada dia.

Obrigado, mãe! A senhora comemora ao ter-me de volta e eu transformei minha recuperação em missão. Todos os dias, conto para estudantes a história de minha vida nas drogas para alertar sobre os seus efeitos devastadores. Eu tive várias internações, porque a senhora pôde pagar, mãe. Se fosse depender da rede pública, sabe onde eu estaria hoje? Na cracolândia ou no cemitério.

Agradeço a Deus por não ter contraído AIDS, cirrose, tuberculose, desenvolvido esquizofrenia, que acontece com a maioria dos dependentes de drogas. Hoje, quando acordo, repito todos os dias: a dependência de drogas é a 'doença do ainda' e eu não quero isso pra mim, esse imenso sofrimento, essa imensa solidão."

Nos demais depoimentos, seus autores aparecem apenas com as iniciais e não com nomes completos, a pedido das famílias por causa do preconceito que ainda marca a doença, apesar de causar epidemia, e também para preservar sua privacidade. Em todas as histórias, os dependentes repetem que experimentaram droga oferecida por parente ou colega de escola, condomínio ou festa.

L.A., filha de um arquiteto e de uma dentista em São Paulo que já foi internada três vezes por dependência de maconha, cocaína e crack:

"Maconha, conheci na adolescência com colegas de escola. Cocaína, com vizinha de prédio. Ia buscar a droga na favela pra gente cheirar junto. Crack apareceu num dia em que o traficante não tinha cocaína. Eu aceitei. Para conseguir comprar droga, vendi minhas coisas, peguei dinheiro da minha mãe, chantageei minha mãe.

Por droga, troquei o conforto da minha casa por um barraco na favela. Eu ia fumar crack num barraco com um grupo de sete pessoas, a maioria, homens. Eram foragidos da cadeia, gente procurada pela polícia. O barraco era pequeno, imundo, com ratos e baratas. Lá é onde eu ficava fumando crack, enquanto minha mãe chorava desesperada, porque não sabia onde eu estava.

Meu pai foi embora. Eu e minha mãe mudamos de um apartamento de três quartos para uma quitinete. Minha mãe sofreu muito. Mas foi a única que nunca desistiu de mim. Até hoje.

As drogas me causaram uma doença que não tem cura, a dependência química. Por isso preciso me tratar todos os dias. Se eu pudesse voltar no tempo, nunca iria experimentar. A droga me trouxe além da dependência química, outra doença – o transtorno bipolar, que passei a ter depois de fumar maconha. Já fui internada três vezes e aos 25 anos, não estudo, não trabalho, vivo em depressão.".

Maconha é droga que tira adolescentes das escolas, porque elimina a vontade de estudar, avaliam 13 especialistas: psiquiatras Pablo Roig e Lucinda do Rosário Trigo, psicóloga Maria Diamantina Castanheira dos Santos, psicólogos Mateus Fiuza e Diego Batista Bragante, psicanalista Maria Angélica Viana da Graça, psicóloga Elza Lopes, psicólogo Carlos Damasceno, psicóloga Ana Laura Parlato, psicanalista Maria Angélica Viana da Graça, psicólogo Marcelo Lobato, psicoterapeuta Alexandre Arujo e psicóloga Ana Lúcia Mazzei Massoni. Eles descrevem os riscos da maconha: dependência, apatia, diminuição da memória, pânico, distorção afetiva, alteração da coordenação motora e da percepção de tempo, sonolência, torna a boca seca por incapacidade de salivação, descontrola o apetite, causa depressão.

Foi o que aconteceu com P.F, moça da alta classe média, internada duas vezes por dependência de maconha; fumava até 10 baseados por dia:

"Hoje eu percebo o quanto que a maconha destruiu a minha vida e a dos meus familiares. A primeira vez foi com dezesseis anos que eu experimentei, mas parei. Voltei com vinte dois anos e não parei mais, começou com uns tragos do baseado, e terminou eu fumando de cinco a 10 baseados por dia.

Eu não me concentrava mais, eu perdia totalmente o dia. Comecei a ter amigos traficantes, achava comum passar a noite fumando com eles e falando sobre presídio e assaltos. Perdi totalmente a noção de realidade. Nunca imaginei que eu deixaria acontecer, mas fui agredida por dois namorados, pois eu deixei que me batessem. Minha memória foi ficando cada vez mais perdida, fui ficando muito magra, pois não tinha dinheiro para comprar comida, mas ficava na cola dos amigos traficantes para ter mais, e se sobrasse um trocado era para fumar."

A legislação brasileira proíbe venda e consumo de bebidas alcoólicas para menores de 18 anos, mas pesquisas mostram esta lei ser ignorada no Brasil. Estudo divulgado pelo IBGE em agosto de 2016 revela aumento no número de adolescentes que já experimentaram bebidas alcoólicas no país: subiu de 50,3%, em 2012, para 55,5% em 2015, mostram os números da Pesquisa Nacional de Saúde do Escolar, realizada com estudantes do nono ano em escolas públicas e privadas de todo o país, a maioria entre 13 e 15 anos.

Como A.G. S, que se tornou alcoólatra ao experimentar bebida aos 14 anos com colegas de escola. Filho de professora universitária, já vendeu até o carro para comprar bebida. Sua história:

"Eu perdi tudo pra bebida. Vendi meu carro para beber. Treze mil reais! Vendi minha moto para beber. Seis mil reais! Tudo em bebida. Em dois meses, esse dinheiro todo foi embora.

Experimentei bebida aos 14 anos com colegas. Bebia, achava normal. Mas já não conseguia estudar. Fui ser caminhoneiro. E sempre achando que beber era normal. Até que a doença me derrubou. Fiz minha mulher sofrer. Fiz minha mãe chorar.

Eu tenho 32 anos e dependo da minha mãe para pagar minha internação. A bebida me destruiu. Perdi meu emprego. Meus colegas de bebida foram embora. Minha mãe e minha mulher foram as únicas pessoas que ficaram ao meu lado."

Raves são festas em sítios ou galpões, com música eletrônica e duração acima de 12 horas. Misturam música eletrônica no volume máximo, bebida à vontade, maconha, cocaína, ecstasy e outras drogas.

M.F. frequentou raves:

"Comecei a frequentar *raves*, festas com música eletrônica, e com isso o acesso para outras drogas foi ficando mais fácil. LSD, bala (ecstasy), comprimido de emagrecer que eu tomava com bebida para ficar elétrica, *potenay* (anestésico de cavalo injetável), lança perfume, tudo me deixava louca. Minha vida era um vazio, uma frustração, escuridão, pois na hora da droga eu sempre queria aquela primeira sensação que eu sentia quando usei pela primeira vez e não encontrava mais. Com a bebida, eu queria ficar alegre, mas sempre exagerava.

Achava que a bebida e as outras drogas iam preencher meu vazio e como isso não acontecia, vinha a depressão, sempre ocorria depois que o efeito da droga passava. Minha vida ficou sem sentido, tentei me matar algumas vezes, meus ex-namorados já me agrediram. E quem me tirou dessa escuridão foi minha família de quem eu sempre me afastei."

Para definir a doença que marca e destrói suas vidas, dependentes respondem que é "a doença do ainda". Como eles afirmam, "pelas drogas, vale tudo.". E quando dizem tudo, assustam, porque inclui "vender tudo que têm, roubar, se prostituir e até matar". Palavras fortes, preocupantes, mas, infelizmente, cada vez mais realidade em São Paulo, cidade das cracolândias, apesar de drogas serem proibidas pela lei federal 11.343.

FOTO DA CRACOLÂNDIA DA ALAMEDA DINO BUENO ▶
Foto: © Carlos Torres

J.C.L., por exemplo vendeu até apartamento e o carro para pagar drogas:

"Bom, a primeira vez de álcool foi numa festa com os amigos de escola, na oitava série. Maconha, fumei com o meu primo, no saguão do prédio da minha avó. Cocaína, numa festa, com os amigos; ácido e ecstasy também em festas, também com amigos meus. O crack fui procurar sozinho.

As drogas foram me tirando pouco a pouco o que eu tinha. Eu fui perdendo os meus amigos, os meus relacionamentos que eram realmente verdadeiros. Depois, fui perdendo o pouco que eu tinha, meu carro e meu apartamento, fui vendendo as coisas. Perdi a mulher que eu amava, perdi minha saúde – tenho 1,90m e estou pesando 65 quilos! Perdi muito tempo na minha vida que podia ter dedicado à minha família. É muita coisa. Eu só perdi!

M.R., aos 15 anos se prostituiu na cracolândia:

"A cracolândia é um inferno. Só tem demônio. Tem todo tipo de gente, até rico. A relação com o traficante é muito triste. Eu já passei por isso. Pra sustentar meu vício, maconha, cocaína e crack, com 15 anos já me prostituía. Usava roupa e tomava banho com o sabonete e shampoo que eu ganhava de gente que ia lá na cracolândia, na região da Luz, centro de São Paulo.

Eu sempre estava anestesiada. Não pensava na minha família, não pensava em voltar pra casa. Tive três internações. Luto pra não voltar pra essa vida. Deixei minha avó e minha tia, com quem moro, muito doentes, em depressão profunda."

J.L.A., 12 internações e terror em casa:

"Foi na favela, próximo da minha casa, que experimentei maconha e gostei. Me senti o super-homem. Comecei a viver só pra uso de maconha. Deixei de ir pra escola, de conviver com meus familiares.

Vivia dentro da favela, onde me foram apresentados outros tipos de drogas, como tiner, cola, lança-perfume, depois, haxixe, que é maconha mais forte, cocaína cheirando e injetando na veia, e, enfim, o crack. Com 12 anos, deixei de estudar e virei traficante. Eu tinha revólver na cintura, dinheiro e droga à vontade.

A relação com a minha mãe passou a ser com agressões verbais. Fiz pequenos furtos em supermercados e assalto a mão armada. Quando eu tava em casa, tinha surtos. Achava que a minha casa ia ser invadida. Eu obrigava meus pais se deitarem no chão, desligava todas as luzes, não deixava nada no fogão, mesmo se estivesse cozinhando carne ou feijão eu desligava o fogo e ficava deitado olhando sob a porta. Já passei por 12 internações!

O que a minha família gastou comigo, não sei, mas cada internação demorou de três as seis meses em clínicas pagas, porque na rede pública é difícil conseguir vaga para tratamento e internação.

Hoje, passo por psiquiatra e psicólogo. Tenho apenas 14 dentes na boca, os outros foram destruídos pela maconha, cocaína e pelo crack. Terminei o ensino médio faz dois anos, cursando o Supletivo, sou um semi-analfabeto. Tenho diabetes e com drogas contrai hepatite, que tem efeitos colaterais horríveis: dor de cabeça, insônia e pele ressecada. Minha mãe teve enfarte e meu pai, doença de Alzheimer."

P.R. criado em Higienópolis, bairro nobre da Zona Oeste de SP, várias internações; roubou em casa e nas ruas

"Aos meus 11 anos, minha mãe morreu. Fui morar com minha tia em Higienópolis, com todo o conforto e colégio particular. Mas fui pra droga: aos 13, maconha; aos 15, lança-perfume; aos 18, ecstasy e LSD, e aos 20, maconha com crack. Tive várias internações.

Minha tia chorava, falava que falhou comigo, entrou em depressão, tentou suicídio três vezes.

Fui preso várias vezes. Eu roubei em casa, roubei na rua. Um dia, fui roubar minha mulher. Ela virou pra mim e disse você pode me matar, mas eu não dou dinheiro pra você se matar. E eu quase matei ela. Grudei no pescoço dela até ela desmaiar. Só larguei quando vi minha filhinha de nove meses pegando minha perna, chorando. Olhei pra janela e fiquei com vontade imensa de pular. Eu não sabia como parar de usar. Sentei na janela e fiquei ali chorando como criança.

Foi quando decidi me internar. Fui na casa da minha tia, peguei R$50,00 para mais cinco pinos de cocaína e, depois, liguei pra ela pedindo para me internar."

M.L, filha única de executiva em SP, experimentou maconha com o namorado; depois, cocaína e crack

"Eu tinha 13 anos quando fumei maconha pela primeira vez. Foi no carro do meu namorado, numa praça perto da minha casa. Na hora, fiquei com medo. Minha mãe já tinha falado da maconha, que era perigoso experimentar, que eu não aceitasse de ninguém.

Mas naquele momento, eu no carro dele, saindo pela primeira vez com ele, fiquei com medo de perder ele. Eu pensava assim: qual é o maconheiro que vai namorar menina que não fuma? E experimentei.

Foto: © Carlos Torres
▼ FOTO DA CRACOLÂNDIA DA ALAMEDA DINO BUENO

Depois, cocaína com colegas de trabalho; ecstasy nas festas; e crack com colega em ponto de venda de drogas. No tempo em que eu fumava maconha, minha boca era marcada por feridas, porque o baseado queima a boca. No tempo da cocaína, meu nariz sangrava. Eu parecia uma morta viva. Tinha olheiras, era pálida. Eu era pele e osso. Meu cabelo caía muito.

Fiz vários empréstimos no banco para comprar drogas Das 12 matérias na faculdade, fui reprovada em sete por faltas, durante o meu uso de drogas. Minha mãe fez até empréstimos para pagar minhas internações. Foi tanto sofrimento que ela contraiu câncer de mama.

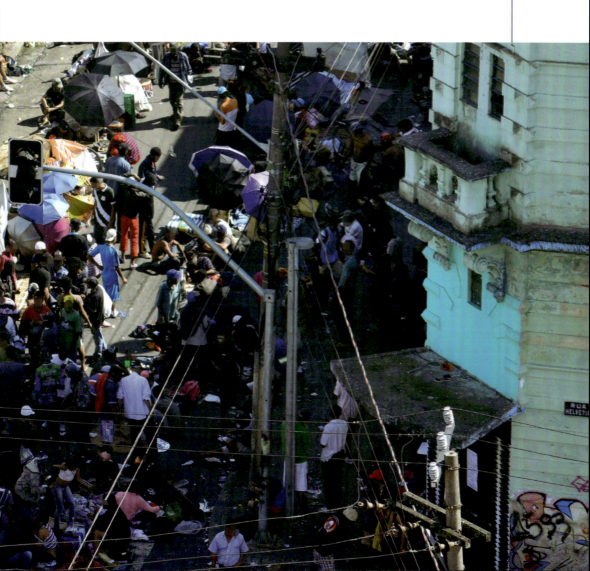

Após a última internação, eu abandonei minha família. Só voltei oito meses depois, quando senti na pele como é importante ter ao meu lado minha mãe me amparando, protegendo."

P.F., professor de Educação Física, trocou tudo por droga

"No começo, eu recebia a droga de graça. Só quando foi aumentando, é que eu precisava comprar a maconha. Aí, pra pagar, eu usava o dinheiro do lanche, vendia meu tênis, minhas camisetas, cheguei a trocar até meu videogame pela maconha.

Por que eu aumentava o uso? Porque nunca mais consegui sentir o que eu senti na primeira vez. Então, aumentava a quantidade, mas nunca mais senti a mesma coisa. Foi assim também com a cocaína, que eu experimentei com gente que eu conhecia.

Perdi estudo, perdi emprego, quase perdi minha família. É complicado. Para conseguir droga, eu ofereci ao traficante até o meu celular. Você começa recebendo a droga, depois, quando se vicia acaba dando tudo para o traficante para conseguir a droga. Meninas até se prostituem. Homens roubam até da família. É complicado.

Você fica nervoso, agitado, quando sente a vontade de usar. É complicado. Eu me assustei outro dia quando me mostraram minha foto quando eu entrei na clínica. Como eu tava destruído! 15 quilos mais magro, sujo, quem era eu? O que eu estava fazendo com a minha vida?

Eu não comia. Bebia até cair, cheirava cocaína, trocava minhas coisas para comprar droga, não parava em emprego. Quando eu não usava, ficava agitado, suava muito, tinha tremor, ficava irritado. Não parava em emprego porque passava a madrugada usando e faltava, só queria usar droga. Estou vendo tudo isso, agora, na minha internação. Mato um leão por dia para conter minha dependência."

R.C, filho de médico e, aos 23 anos, já internado duas vezes

"Foi numa festa, com 14 anos que eu comecei a beber. Passei mal. Mas voltei a beber.

Quase um mês depois, tinha uma galerinha que eu gostava, pessoal mais velho, os *manos*, e eles fumavam maconha. Eu admirava eles, eram os malandrões, fui atrás em busca dessa aceitação, pra entrar naquele grupinho e aí eu comecei a usar maconha E depois uma amigo meu me apresentou a cocaína também.

Já fui internado duas vezes. Eu venho tentando ficar longe das drogas, mas não estou dando tudo de mim, sabe? O que tá me ajudando é tá vindo aqui na Campanha falar pra vocês. O meu amor próprio não tá nem 10% e eu não sei como conquistar esse amor próprio, não sei como me amar mais porque eu já prejudiquei tantas pessoas, amigos, que é difícil me aceitar."

"Maconha fumada uma vez por semana, na adolescência, aumenta em oito vezes o risco para esquizofrenia", alerta o psiquiatra Valentim Gentil, professor titular de psiquiatria da Faculdade de Medicina da USP. A psiquiatra Lucinda do Rosário Trigo atendeu mais de 50 casos de surtos psicóticos e esquizofrenia causados por maconha em São Paulo. Quatro clínicas que internam dependentes de drogas em São Paulo também registram tratamento de jovens com surtos psicóticos e esquizofrenia causados por maconha: Reviva Diamantina, Greenwood, Caminho de Luz e Intervir, onde o psicoterapeuta Alexandre Araujo tratou durante 10 anos, em São Paulo, de rapaz com esquizofrenia causada por maconha. Aos 29 anos, foi adotado por uma família.

Com a palavra, Alexandre Araujo:

"Foram três baseados: na primeira vez, aos 14 anos, por influência de colegas. Fumou e voltou à realidade somente 24 horas depois; no segundo baseado, ficou na viagem por 72 horas; e no terceiro, não voltou mais.

A doença desse rapaz, esquizofrenia causada por maconha, é atestada pelo Hospital das Clínicas, onde o jovem também foi tratado. Uma história que começou aos 14 anos.

Era um adolescente, que queria ser músico. Ele experimentou maconha, influenciado pelos colegas. Eles diziam que pra ser músico tinha que fumar um. Ele fumou. E nunca mais voltou à realidade. O primeiro sinal da doença foi quando chutou a barriga de uma servente grávida na escola. Ele acredita que rádio e televisão conversam com ele. Ele acredita ouvir vozes que ordenam seus comportamentos. Vozes que mandaram bater na mãe, porque era inimiga. Vozes que mandaram bater no pai. Na mãe, foi uma cadeirada. No pai, um murro no rosto, porque as vozes diziam para ele que o pai fazia denúncias contra ele na polícia. Após o murro, o pai teve de fazer uma cirurgia, porque machucou os olhos, quando ele quebrou os óculos.

Para conter os surtos, tem que tomar oito medicamentos por dia. Ele não sabe mais quem é ele. E não reconhece o pai, que o visita toda semana. Ele não tem amigos, porque a doença o mantém fora da realidade. Não estuda, não trabalha. E o pai desesperado, sempre pergunta: Quando eu morrer, o que vai ser do meu filho?"

Também o psicólogo Marcelo Lobato descreve a história do seu paciente usuário de maconha, em surto psicótico, que virou andarilho nas ruas de São Paulo:

"Aconteceu com meu paciente de 18 anos, usuário de maconha, de família estruturada, com bastante recurso e morando em Santos, litoral de São Paulo. Ele pegou o ônibus na rodoviária em direção a São Paulo. Quando desceu no Jabaquara, sofreu um surto esquizofrênico e virou andarilho nas ruas de São Paulo.

Ficou perdido por três meses. Bateu em portas com fome e com frio. Mas ninguém abria, com medo. Até que uma pessoa o reconheceu, quando batia em sua porta. Era uma amiga, que ele não reconhecia naquele momento de surto, fome e frio. Ela pediu que ele entrasse, deu comida, o fez tomar banho, ligou para a mãe dele e avisou que ele estava em sua casa. Ele está em tratamento."

Aos 12 anos, filho de empresário, fumava 13 baseados por dia em São Paulo, confirmam os responsáveis por sua recuperação.

"Comecei a ter alucinações. Via minha mãe morta na cama com algodão no nariz. Quando não tinha droga eu tomava acetona e álcool usado para limpeza. Se eu não tivesse sido internado aos 17 anos, eu já estaria morto."

Seu depoimento:

"Com 12 anos, eu tava fumando 13 baseados (cigarros de maconha) por dia" conta filho de empresário de São Paulo, em recuperação desde 2004. —"Experimentei maconha aos 11 anos numa roda de 20 jovens no condomínio onde eu morava, no Morumbi, Zona Sul de São Paulo. Eles me diziam fuma aí, fuma aí, não pega nada. Eu só experimentei porque tinha bebido antes. Conheci a bebida com meu pai aos 10 anos. Aos 11, ia para festas e churrascos onde fumavam maconha. Aos 13 anos, não dava mais valor à minha vida e já tomava ecstasy e baforava lança-perfume. Aos 14 experimentei cocaína, depois de ter bebido muito numa festa. Aos 15 tinha repetido a sétima série pela terceira vez. Cheguei a gastar mil reais numa única noite em drogas! E passei a roubar. Tudo que eu via de valor em casa ou na casa dos meus parentes, eu roubava. Minha mãe e meu pai escondiam a carteira debaixo do travesseiro. Comecei a ter alucinações. Via minha mãe morta na cama com algodão no nariz. Quando não tinha droga eu tomava acetona e álcool usado para limpeza. Se eu não tivesse sido internado aos 17 anos, eu já estaria morto."

Internação que foi determinada por um juiz, conta o jovem em recuperação:

"Eu tinha saído de casa com o computador do meu pai para vender e comprar drogas. Fui parar numa favela em Perus, Zona Sul de São Paulo. Fiquei lá até de madrugada. Até que saiu uma briga com tiros. Eu lembro em flashes. Saí correndo, ralei o braço, rolei no chão, fugindo dos tiros. Até que pulei no córrego da favela. Só a identidade ficou no bolso da minha bermuda. Cheguei do outro lado imundo. Vi um orelhão, mas eu não lembrava o telefone da minha casa. Liguei, então, pro 190 dizendo que eu tava perdido. Mandaram duas viaturas com policiais armados até os dentes. Ali era região de tráfico. Fui levado pra delegacia e meus pais foram chamados. Depois, eles me levaram a um psiquiatra. Achei que o cara era um idiota. Ele queria que eu parasse de usar, mas meu corpo não deixava mais. Voltei pra casa e não aceitava a internação. Mas numa noite tive um surto e fiquei escondido atrás da porta do banheiro com taco de beisebol na mão achando que a polícia ia invadir a minha casa. Meu pai estava saindo do quarto dele para ir ao banheiro. Eu achei que era um inimigo e ataquei o meu pai. Veio polícia e eu fui parar na frente de um juiz que disse ao meu pai: ou ele vai para a FEBEM ou o senhor interna. Meu pai, que eu agredi, decidiu me internar. Salvou minha vida. Agradeço muito à minha família e a Deus ter tido a oportunidade de ter sido tratado."

História real, em São Paulo.

▲ CRIANÇA NA PORTA DE BAR DA CRACOLÂNDIA ONDE FICAM 2000 DEPENDENTES NO CENTRO DE SÃO PAULO.
Foto: © Carlos Torres

Dependente tratado pelo presidente da Associação Intervir, Alexandre Araujo, e pela psicóloga Maria Lúcia Camões da Costa, diretora do Núcleo Vida. Hoje, está casado e dirige com a esposa um centro de criação de cães em São Paulo.

"Agradeço muito a oportunidade de estar sem drogas, com saúde e construindo uma nova vida", ele comemora. "Eu sou exemplo vivo de que recuperação existe sim. Onde eu puder, vou contar minha história para incentivar dependentes viverem sem drogas."

O ecstasy é droga proibida no Brasil porque causa dependência, prejudica o cérebro, o coração e os rins, podendo provocar parada cardíaca e surtos psicóticos, alerta o psicoterapeuta Alexandre Araujo, presidente da Associação Intervir e da ONG Faces & Vozes do Brasil. "O ecstasy libera hormônio antidiurético, que inibe a eliminação de líquido pelo corpo, ficando como se estivesse encharcado. Quem toma ecstasy uma a duas vezes por semana tem alterações psiquiátricas seríssimas como quadros psicóticos e depressão. Ecstasy pode causar taquicardia. É droga que pode danificar sistemas vitais do organismo, como a circulação sanguínea, causando parada cardíaca.".

Aqui o depoimento de jovem da classe média de São Paulo, que foi dependente de ecstasy:

"Um colega me convidou. Eu, no embalo, já tinha bebido, aceitei. Depois, passei a comprar e tomar ecstasy nas baladas. Eu comprava nas casas de música eletrônica. Perguntava para umas duas ou três pessoas e conseguia comprar ecstasy lá dentro mesmo."

Ele descreve o que sentia com o ecstasy:

"O ecstasy dá uma sede que, na verdade, parece que você está secando, desidratando, saindo toda a água do seu corpo. Era uma garrafa de água a cada 15 minutos, durante dez horas, mais ou menos. Mas tinha dificuldade para eliminar toda essa água. Urinar era tão difícil que só conseguia, no dia seguinte. Isso dá uma sensação estranha. No final da noite, eu chegava em casa com medo de tudo, ficava olhando pela fresta pensando que tinha gente me olhando. Sozinho, em casa, não ficava. Meu estômago parecia que fe-

▲ CRACOLÂNDIA DA REGIÃO CENTRAL DE SÃO PAULO.

chava. Dá uma dor, assim, não sei. Ficava, às vezes, dois três dias sem comer, com vontade de vomitar, com dor na barriga, parecia que queimava tudo. A gente fica com medo de tudo. O ecstasy tirou todo o meu sentimento. Mas depois que você experimenta a primeira vez, você passa a sentir necessidade de tomar de novo. E volta a sentir formigamento, você fica latejando. O ecstasy dá uma sensação estranha. Tira todo o sentimento. Às vezes, via gente do meu lado virando os olhos, caindo no chão, ambulância pegando, já vi gente até que morreu na festa pelo consumo excessivo de drogas. No caso dessas festas, o pessoal usa mais ecstasy e LSD. A pessoa tentava respirar e não conseguia e no final acabava ficando roxa, tinha que vir ambulância. Vi muita gente caída no chão, devido ao uso de ecstasy. Em média esse pessoal tinha entre 17 e 25 anos. Têm festas, as raves, onde têm ambulância. Nas casas noturnas, o pessoal encosta o cara num canto até a ambulância chegar."

Segundo a Polícia Militar estão sendo registrados casos de estupros causados pelo uso de ecstasy. O rapaz que foi dependente da droga confirma:

"Existem casos de estupro, sim, causados pelo ecstasy. As meninas que tomam o ecstasy não sabem o que elas fazem. Muitas são retiradas da festa para estupro. Elas perdem a noção de tudo. O ecstasy é horrível. Pelo que eu passei, eu não queria que ninguém passasse nada igual."

A banalização da maconha coloca em riscos famílias no Brasil, como aconteceu com a advogada que autorizou o filho, J.C.R, a fumar maconha em casa; depois, entrou em depressão quando viu o filho na cocaína:

"Sempre fui bom aluno. Com apenas 15 anos era sócio de um jornal que era veiculado em bancas. Era um líder nato. Fazia parte de um grupo de jovens ligados à política estudantil e movimentava bastante os alunos do meu colégio. Um colégio de alta classe de São Paulo.

Nós tínhamos laboratório de química, física e biologia todas as terças no período da manhã. No intervalo, era comum irmos a uma lanchonete perto da escola para nos embriagarmos de álcool. Era 'moda' às terças-feiras entrarmos bêbados na aula.

Em uma dessas terças fatídicas e irresponsáveis, havia um grupo de jovens do mesmo colégio do outro lado do balcão. Eles eram os 'caras legais'. Eram mais velhos e muito respeitados. Um dia estava sozinho nesse bar e esse grupo de alunos mais velhos também. Me aproximei e perguntei sobre o que eles estavam falando. Como eu era bem conhecido no colégio e era figura frequente daquele bar, eles me deixaram entrar no papo. Eles falavam sobre maconha. Eu já ouvira falar dessa droga. Aliás, como era muito bem informado, já ouvira falar de todas as drogas daquela época.

Em um dado momento da conversa eles disseram que iriam fumar maconha e me convidaram. Com medo, mas muito curioso, aceitei. Fomos para o apartamento de um deles bem perto da escola. Já no quarto, um deles sacou um pacotinho de algo verde que mais parecia mato. Enquanto isso, o outro preparava um papel. Eles iam me explicando todo o processo. E assim seguiu para todos ali presentes. O baseado chegou ao fim. Os outros dois estavam lentos e riam de qualquer coisa. Eu, ao contrário, estava com um enjôo de quase querer vomitar.

Pedi para ir embora. Cambaleando sai do apartamento e nem sei como consegui apertar o botão de térreo no elevador. Alcancei a rua e sentei no meio fio. Estava muito, mas muito mal mesmo. Devo ter ficado ali por uns 30 minutos até aliviar o mal estar. Quando consegui me restabelecer, voltei para minha casa.

Ainda atordoado, fiquei com um sono incontrolável. Deitei no sofá e dormi. Não sei precisar por quanto tempo. E quando acordei me bateu uma fome avassaladora.

Desse dia em diante, fumávamos maconha todas as terças-feiras. Foi quando na escola fizeram um teste vocacional com exame psicotécnico. Os testes, como já era de se esperar, apontaram uma caída de rendimento escolar. Minha mãe foi chamada, assim como eu. Tanto minha mãe, como eu, conversamos com a psicóloga da escola. A profissional apontou vários problemas com relação à minha mudança de comportamento.

Passaram-se alguns dias e minha mãe me chamou para conversar. Perguntou se eu estava fumando maconha. Como sempre fui muito ligado a ela, respondi que sim. Ela então me disse que se eu quisesse fumar que o fizesse dentro de casa. Ou seja, ela estava autorizando que eu fumasse maconha dentro de casa para não ter problemas com a polícia. Foi o que comecei a fazer. Agora, sem bloqueios e com total liberdade.

Nessa época, minha casa virou o 'centro dos maconheiros' da escola. Como era de se esperar, repeti naquele mesmo ano a série que eu cursava e passei por diversos colégios até conseguir me formar no ensino médio. Era visível minha mudança de estilo de vida e de comportamento, mas minha mãe pensava que já que eu era relativamente produtivo, não tinha problema continuar usando drogas.

Abandonei três faculdades e nada fez com que eu parasse com as drogas. A maconha foi uma das drogas que usei dos 15 anos até meus 36 anos.

Os efeitos colaterais daquela erva que dizem inofensiva eu carrego todos. Sofro de transtorno de ansiedade, com 23 anos tive um surto psicótico seguido de episódios de esquizoparanóide. E, devido ao uso abusivo da maconha e, também, de cocaína, crack e heroína, sofro de transtorno bipolar e vou ter que tomar remédios para esse problema para o resto da minha vida."

Histórias reais do uso de drogas. Relatos que fizeram chorar alunos, pais e professores. Depoimentos marcantes que os alunos comentavam durante toda a semana em casa e na escola, afirmam professores.

Entre os pedidos de ajuda mais marcantes está o de um garotinho de 12 anos, filho de médico e assistente social, que após a apresentação procurou a psicóloga Helena Parolari, no palco, para dizer baixinho que achava ser alcoólatra. Aquela criança, séria, olhando para a psicóloga contou: "Minha mãe me leva toda sexta-feira ao supermercado onde deixa eu experimentar as bebidas que empresas oferecem para os clientes. Em casa, eu fico bebendo tudo que fica nos copos das visitas, vodka, uísque. Não consigo mais parar."

Pedidos de ajuda também vieram de garotas que procuraram a psicóloga Maria Diamantina Castanheira dos Santos e o psicoterapeuta Alexandre Araujo, após ouvirem os depoimentos, porque irmãos ou namorados usavam drogas. Mães com filhas adolescentes procuraram ajuda no Amor Exigente, do Jardim França, na Zona Norte, após apresentações. Houve alunos, que se levantaram, após a apresentação, para fazerem seus depoimentos.

E mães, como dona Maria do Carmo, que ligou à Rádio Jovem Pan em 24 de novembro de 2013 para agradecer o apoio da emissora para reabilitar seu filho usuário de drogas.

"Eu recebi apoio da Campanha Jovem Pan Pela Vida, Contra as Drogas e meu filho hoje se recupera em casa, ao lado da família", contou, durante a transmissão do Grande Prêmio do Brasil de Fórmula 1 e não escondeu a emoção ao conversar com meu colega Wanderley Nogueira.

Meu convívio com esses dramas e o fato de eu ser mãe comoveu meu coração, gerou um sentimento de empatia por essas pessoas que sofrem. Confirmei o que meus pais sempre me ensinaram: filhos têm que ter muita atenção e, nos tempos de hoje, pais têm que ter muitas informações corretas sobre drogas. De tanto meu filho André me ouvir falar sobre drogas, sofrimento e a destruição dessas famílias, ele acabou me dando um presente gratificante que divulgo neste livro. Um poema.

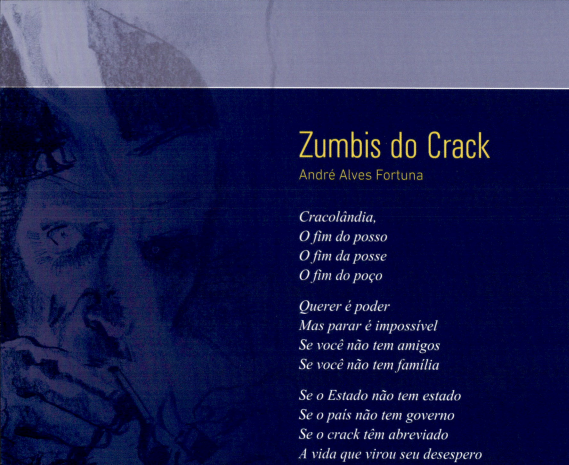

Zumbis do Crack

André Alves Fortuna

Cracolândia,
O fim do posso
O fim da posse
O fim do poço

Querer é poder
Mas parar é impossível
Se você não tem amigos
Se você não tem família

Se o Estado não tem estado
Se o país não tem governo
Se o crack têm abreviado
A vida que virou seu desespero

*Esperando e roubando
Até que a vida o consuma*

*De que vida estamos falando?
Se o usuário não tem uma
Ele está se apressando
Para seu pé na cova até que ele suma!*

*E se você não acredita em mim
Vá para uma cracolândia
E veja uma sujeira sem fim
Gente usando drogas noite e dia*

*E o que era gente vira zumbi
Os zumbis do crack
A posse da escravidão
O sofrimento*

Avaliações

1 Irmã Mercedes Darós, do Colégio Padre Moye, do bairro do Limão, Zona Norte de SP:

"A Campanha é nota 10! Parabenizo a Jovem Pan porque acredito que muitos jovens, ouvindo estes testemunhos vão se auto afirmar. E outros que estão em dúvida vão poder se determinar. E se alguém já começou nesse caminho, vai repensar, ter uma outra oportunidade. Hoje, eles aprendem com o material concreto, eles precisam do testemunho!"

2 Silvia Boulos, professora do Colégio Rainha dos Apóstolos, na Vila Monumento, Zona Sul de São Paulo:

"Os alunos comentaram muito em casa sobre a palestra. E ficaram emocionados com o depoimento de mãe do dependente. Teve aluna que chorou. Foi muito, muito bom!"

3 Cleusa Pereira da Silva, professora da escola Municipal de Educação Bilíngue Para Surdos, Helen Keller, na Aclimação, região central de São Paulo. A apresentação foi com tradução para a linguagem brasileira de sinais, LIBRA:

"Por que pedi a Campanha? Porque surdos também têm problemas com drogas."

Capítulo 4 — Mais Poderosos que uma Bomba — 93

4 Cristiane Magalhães de Barros, Coordenadora do Fundamental no Colégio Pio X, em Osasco:

"Tenho que agradecer. O nível da palestra vem ao encontro do que trabalhamos no colégio. A presença da mãe na Campanha fortalece o combate às drogas e mostra, com clareza, a doença que o dependente acaba levando para a família. Parabéns!"

5 James Alberto Siano, juiz do Tribunal de Justiça de São Paulo:

"É uma campanha com uma profundidade inigualável."

6 Adriana Silveira, do departamento de eventos do Colégio Cermac, no Mandaqui, Zona Norte de SP:

"O resultado foi excepcional. Superou nossas expectativas. É campanha reconhecida. É o que os nossos jovens precisam."

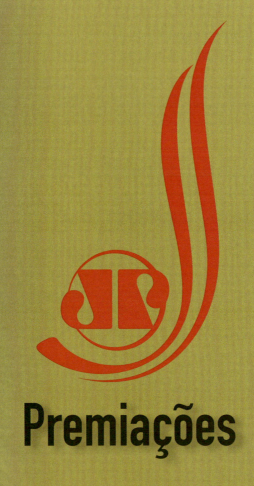
Premiações

Jovem Pan Pela Vida, Contra as Drogas recebeu 26 prêmios em seus 12 anos. Campanha reconhecida pelas câmaras municipais, foi premiada pela OAB/SP, pela CNBB, pelo Ministério da Justiça, por Lojas Maçônicas, Rotarys, universidades e ADVB. No final dos capítulos, os importantes prêmios recebidos por esta iniciativa pioneira pelo importante trabalho de prevenção em 700 escolas públicas e particulares, universidades, além de outras importantes instituições de 39 cidades de São Paulo. Em 22 de abril de 2003, 1500 pessoas lotaram o auditório do Anhembi, na Zona Norte de São Paulo, para assistir a esta iniciativa pioneira.

Em 2014, o presidente da Jovem Pan, Antonio Augusto Amaral de Carvalho, recebeu do Ministro da Justiça, José Eduardo Cardozo, o Diploma de Mérito Pela Valorização da Vida "pela significativa contribuição da Jovem Pan nas ações de implementação e fortalecimento da Política Nacional Sobre Drogas."

Em 2014, a Campanha recebeu o Troféu Integração do CIEE-Centro de Integração Empresa – Escola, instituição filantrópica mantida pelo empresariado nacional, de assistência social, sem finalidades lucrativas e que trabalha em prol da juventude estudantil brasileira.

Em 2012, o presidente da Jovem Pan, Antonio Augusto Amaral de Carvalho, foi homenageado pela Prefeitura de Itu pelos 10 anos de Jovem Pan Pela Vida, Contra as Drogas.

Em 2010, a Campanha recebeu a Medalha do Mérito Educativo do SIEEESP (Sindicato dos Estabelecimentos de Ensino no Estado de São Paulo).

Prêmio Escotista Mário Covas de Ação Voluntária.

Em 2005, Prêmio PNBE-Pensamento Nacional das Bases Empresariais.

Em 2004, Prêmio Excelência da Universidade de Mogi das Cruzes.

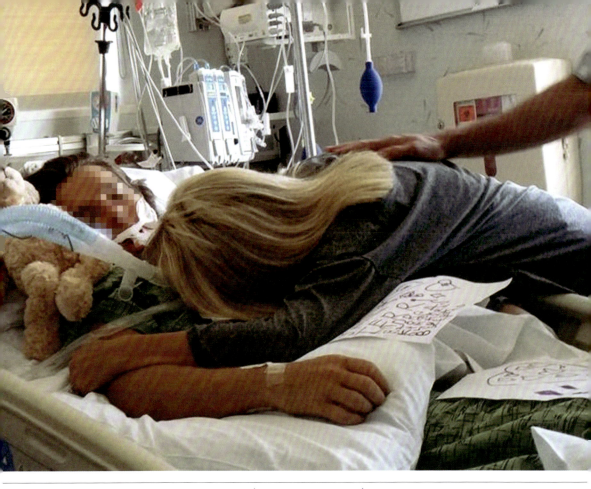

▲ MÃE COM FILHO NA UTI. JOVEM MORREU APÓS FUMAR MACONHA SINTÉTICA
https://www.facebook.com/Connor-Reid-Eckhardt-270455916494386/

capítulo 5

Elas Nunca Desistem

O poema comovente do capítulo anterior nos remete para um sofrimento das famílias que não terá fim em São Paulo, enquanto a Prefeitura continuar mantendo cracolândias como a da alameda Dino Bueno, na região central de São Paulo. Ali dois mil dependentes fumam crack 24 horas por dia, de segunda a domingo, e onde maconha e crack expostos em pratos são vendidos em plena rua. Tudo com proteção da polícia por ordem da Prefeitura de São Paulo. Até grávidas ficam jogadas na calçada dessa cracolândia, como mostram as fotos de Carlos Torres. Garotas que fumam crack financiam a dependência com prostituição, chegando a nove relações sexuais por dia, com múltiplos parceiros, aumentando, portanto, os casos de AIDS. Dependentes de crack com o vírus da AIDS têm pior evolução da doença, facilitando a progressão da infecção pelo HIV, reduzindo a adesão ao tratamento, e acelerando, portanto, a progressão da AIDS. Essa é uma constatação de pesquisa nacional divulgada pelo psiquiatra Marcelo Ribeiro, da Universidade Federal de São Paulo, no livro "O tratamento do usuário de crack". O impressionante é que o Conselho Tutelar está proibido de entrar nessa cracolândia, a maior do país, que tem crianças e adolescentes, denuncia o presidente licenciado do Conselho de Segurança de Campos Elíseos e Santa Cecília, Fábio Fortes. É angustiante ver pessoas perderem absolutamente tudo: dignidade, valores, saúde, autoestima, trabalho, escola, família. Viram zumbis, escravos dos traficantes, mercadores da morte, em território protegido pela guarda municipal por ordem da Prefeitura.

Recordo o que contava na campanha rapaz da alta classe média, que trocou o conforto de casa no Morumbi, na Zona Sul de São Paulo pela cracolândia do centro da capital e foi internado 12 vezes:

"Eu vendi até os brinquedos do meu filho!"

Cracolândia, área livre para uso e venda de droga na rua ao lado de prédios residenciais, comerciais, igreja e de escolas onde estudam crianças e adolescentes no centro de São Paulo. Cracolândia também em outros bairros como em frente ao Ceagesp-Companhia de Entrepostos e Armazéns Gerais de São Paulo-na Vila Leopoldina, Zona Oeste da capital. Foi exatamente nessa cracolândia da Vila Leopoldina, que recaiu um dos voluntários da Campanha. Fiquei sabendo quando terminava o livro em setembro de 2016. O rapaz morava em frente à essa cracolândia do Ceagesp e acabou sendo um dos dependentes. Recordo com imensa tristeza de sua filhinha de três meses

| Capítulo 5 | Elas Nunca Desistem | 99 |

▲ GRÁVIDA NA CRACOLÂNDIA
Foto: © Carlos Torres

que, na véspera do Dia dos Pais em 2016, teve de ficar com a avó enquanto a mãe resgatava o pai na cracolândia para levar para a internação."Ele já tinha vendido tudo e estava devendo para traficantes" – dizia a jovem esposa. "Ele ia morrer se eu e o irmão dele não o levássemos para outra cidade para ser internado. Ele ficou muito bravo, mas conseguimos tirá-lo desse inferno."

Além das cracolândias, São Paulo tem também festas com droga que mata. O nome dessa nova droga é esquisito – NBOMe – e seu efeito é devastador. Para experimentar, não precisa ser usuário de nenhum tipo de droga,

100 | GUERRA PELA VIDA ■ A Campanha da Jovem Pan Contra as Drogas

▲ GRÁVIDA EM CALÇADA DA CRACOLÂNDIA
  Foto: © Carlos Torres

alerta o perito José Luiz da Costa, ex-presidente da Sociedade Brasileira de Toxicologia, com especialização nos Estados Unidos sobre novas drogas sintéticas. Ele descreve essa nova droga:

"NBOMe é minúscula, causa alucinações de 12 a 15 horas, com risco de morte e seu valor varia de R$30,00 a R$40,00 cada selinho de um centímetro. Ela não existe em pó porque a quantidade que se tem num selinho é da ordem de um a dois miligramas. É uma substância extremamente difícil de ser detectada no sangue porque as concentrações são muito baixas. Tem efeito semelhante ao LSD, mas é mais ativo e mais potente, com alucinação auditiva e visual. Aumenta muito a frequência cardíaca e a pressão arterial, mas sem relato de parada cardíaca, induzida por causa da droga. Há casos de morte pelo uso da droga. Ela causa um calor muito forte no organismo e o dependente, então, se atira em lagos, rios, mar."

O NBOMe matou o estudante Vitor Hugo Santos, em setembro de 2014, em festa na Universidade de São Paulo. O Instituto Médico Legal define a morte do estudante como o primeiro relato de uso e morte pela droga no Brasil. No Rio Grande do Sul, há relatos de três jovens com overdose de NBOMe e outras também foram investigadas. Das 10 mil apreensões do NBOMe pela Polícia Federal no Brasil, 31,11% foram em São Paulo; 13% no Paraná, e 7,8% no Rio Grande do Sul e Rio Grande do Norte. No Brasil, chegou entre 2011 e 2012 e, após sucessivas apreensões em 2013, em estados como São Paulo e Santa Catarina, foi proibido, em fevereiro de 2014. Nesta data, a Agência Nacional de Vigilância Sanitária colocou 11 variações do NBOMe (como o 25I-NBOMe ou 25B-NBOMe) na lista de substâncias proibidas.

▶ N-BOME, DROGA MINÚSCULA QUE MATA.

Outra droga letal usada em festas em São Paulo é a maconha sintética. Jovens da alta classe média de São Paulo foram internados por uso de maconha sintética na clínica Greenwood, em Itapecerica da Serra, a 33 km da capital. O diretor da clínica, doutor Pablo Roig, define como bastante precário o estado físico e mental destes jovens brasileiros após fumarem maconha sintética que tem venda liberada em lojas norte-americanas. Pablo alerta para os efeitos da maconha sintética: "Alucinações, ansiedade, paranoia, náusea, taquicardia, overdose e morte."

"Nos Estados Unidos, oito estados proibiram maconha sintética", informa o New York Times. A reportagem conta que a K2 – também conhecida como Spice, Demon ou Genie – "é vendida abertamente em postos de gasolina, lojas e online".

Drogas letais que aumentam o sofrimento das famílias em São Paulo. Como passamos a mostrar, em 2014, com mães participando com dependentes e profissionais em cada escola. Mães explicando com suas próprias palavras como drogas aniquilaram suas famílias. "Por quê?", lamentavam em relatos fortes e emocionantes.

"Quando eu descobri, meu filho já estava tendo o primeiro surto psicótico. Quebrou todos os vidros da cozinha e destruiu todo o meu quarto."

"Meu filho vendeu todos os móveis de casa para comprar drogas na cracolândia da região da Luz, em São Paulo."

A campanha mostrava a estudantes, pais e professores toda a grave doença causada pelo uso de drogas e a destruição das famílias nas palavras de quem sobreviveu a esse pesadelo.

Para conseguir as indicações de mães, pedi ajuda a Miguel e Regina Tortorelli, do Amor Exigente, instituição sem fins lucrativos que atende gratuitamente 100.000 pessoas em todo o país. O casal Tortorelli acolhe, orienta e ajuda no tratamento de três mil famílias de dependentes de todas as classes sociais, no Jardim França, Zona Norte de São Paulo. Atenderam o meu pedido com rapidez e competência.

Os Tortorelli também me indicaram o Amor Exigente do ABC. Assisti nestas reuniões a confissões com dor e lágrimas. Mães revelando ter contraído doenças causadas pelo estresse provocado pelo uso de drogas pelos filhos. Depressão, infarto, câncer de mama, câncer de útero, fibromialgia e até pênfigo, doença que causa lesões graves na pele. Além de doentes, sozinhas. A maioria dos casais se separa, porque maridos passam a culpar as esposas pelos filhos usarem drogas.

Como mãe, eu me sentia atordoada. Como jornalista, decidi: assim deveria ser a verdade que crianças, adolescentes, pais e professores deveriam conhecer sobre a dependência de drogas, que já causa epidemia no Brasil mas continua doença desconhecida de milhares de brasileiros, apesar de sua gravidade. Uma epidemia que atinge até crianças em todas as classes sociais.

Eu me impressiono até hoje com a generosidade dos dependentes em recuperação, das mães e dos profissionais que nos acompanhavam voluntariamente para conscientizar em escola, igreja, clubes de futebol. Lions, Rotarys, Lojas Maçônicas.

Começo contando a história do casal Tortorelli, símbolo da luta contra as drogas hoje no Brasil. Regina e Miguel me autorizaram citar seus nomes. Miguel é administrador de empresa. Regina está aposentada. Filha e netos moram com o casal no Jardim França, na Zona Norte de São Paulo. Regina conta essa história:

"Quando eu flagrei minha filha, estudante de enfermagem, numa boca de fumo, meu mundo desabou. Eu não queria acreditar que aquela moça agressiva e sem controle do corpo, como se fosse cair, era a minha filha, que eu criei com tanto amor."

Continua:

"Consegui arrastá-la até o carro. No caminho de casa, minha filha chorou, arrependida. Depois do banho, no entanto, ela mudou de comportamento e tentou nos manipular: dizia que não repetiria aquele erro. Eu e meu marido não sabíamos nada sobre drogas e quase cedemos. Mas um amigo policial me convenceu de que ela se drogaria outra vez, caso não fosse internada."

Pausa, recupera-se, prossegue:

"Minha filha já foi internada sete vezes. Ela começou tomando bebida alcoólica na adolescência; depois maconha; em seguida, cocaína e crack. Eram internações e recaídas. Já casada, saiu de casa e não voltou, deixando sozinho o seu filhinho de quatro meses. Um dia, ela saiu e não voltou para dar

104 | GUERRA PELA VIDA ■ A Campanha da Jovem Pan Contra as Drogas

Foto: © Carlos Torres

▲ DEPENDENTE DE 45 ANOS FUMANDO CRACK NO CENTRO DE SÃO PAULO.

a mamada do filho. Quando a vi, mais de três horas depois, tive certeza de que algo estava diferente. Ela não esboçava emoção alguma. Tirou meu neto do meu colo e o levou para seu quarto. Ele chorava de fome. Amamentou o filho calada. Ao prever sua recaída, comprei uma mamadeira e leite em pó. Fiz de tudo para meu neto largar o peito da mãe. Ela não tinha o direito de contaminá-lo. Depois que tomei essa atitude, minha filha confessou que teve mesmo uma recaída. Prometeu que seria a última vez. Daí em diante, o inferno recomeçou: meu genro pediu a separação e ela voltou para minha casa com o filho."

Segue, consternada:

"Avisei que não ficaria com meu neto para ela sair, na tentativa de responsabilizá-la por sua vida. Não adiantou. Ela chegou a deixar o menino dentro do carro e até com um frentista no posto de gasolina vizinho, enquanto ia comprar e usar a droga."

Suspira:

"Durante quatro anos, eu e o Miguel lutamos para ter de volta a nossa filha. E conseguimos. Ela foi para a faculdade e passou a trabalhar na empresa do pai. Até se apaixonar por outro usuário de drogas e decidir ir morar com ele. Meu neto se recusou a ir com a mãe. E mais uma vez, ela traiu a família: roubou dinheiro da empresa da nossa família e sumiu. Só após sofrer um princípio de overdose, ela ligou pedindo ajuda. Foi novamente internada, mas recaiu quatro meses depois. Foi morar numa Igreja Evangélica, cujo Pastor fazia um trabalho com dependentes químicos. Ficou residindo em Guarulhos, numa casa alugada e mobiliada pelos pais. Recaiu, vendeu tudo, absolutamente tudo, por drogas. Nós a internamos novamente. Mas ela abandonou o tratamento, voltando ao uso de drogas."

Uma pequena esperança:

"Um dia, ligou, informando para o pai que estava grávida. Mas ficou mais algum tempo sem se comunicar. E quando ligava, era por orelhão. Estava em Mairiporã, morando na rua. O pai foi para

Mairiporã e depois de procurar em diversos lugares conseguiu achá-la em uma favela. E a levou para a quinta internação. O filho nasceu e nós levamos nossa filha e o neto para nossa propriedade no interior. No começo do ano passado, ela voltou a usar drogas. Foi novamente internada. Hoje, vive na nossa casa com os dois filhos. Não vamos desistir da nossa filha. Parece uma provação na Terra. Mas o amor que temos por ela nos fortalece a cada dia, porque sempre acreditamos que as drogas não serão mais fortes que a vida."

A seguir, mães contam na Campanha como drogas destruíram suas famílias. Elas pedem para serem apresentadas apenas com as iniciais para preservar a família:

"Drogas mataram meu filho", chora S.G., mãe de rapaz que morreu aos 29 anos

"O que matou meu filho foram as drogas", conta com voz pausada e surpreendentemente serena, a senhora de ombros curvados e roupa preta olhando para aqueles estudantes na plateia. Sua voz enche a sala sem janelas.

"Ele tinha 29 anos e estava há oito meses internado numa UTI. Meu filho começou usando drogas aos 13 anos. Mas eu e meu marido só viemos a saber quando ele tinha 19. Dos 13 aos 19 anos passou desapercebido para nós. Naquela época, era tabu. Pouco se falava. Pouco se conhecia. Sabe como eu fiquei sabendo? Ele me chamou no quarto dele e me disse: as paredes estão se fechando, mãe, eu vou morrer sufocado! Desesperada, eu perguntava: o que aconteceu, filho? Ele abria os braços pedindo socorro. E gritava: eu estou no uso de drogas, mãe, me dá droga, mãe! Naquele instante, entrei em desespero. A primeira coisa que fiz foi levar meu filho pro médico. No médico, ele disse, eu só uso maconha. Depois, os amigos me contaram que ele usava todas as drogas. Eu não entendia essa doença, a dependência de drogas. Chamávamos o 190 constantemente porque ele me agredia com tapas. Um dia, jogou um sofá contra o pai. Ele machucava a gente."

A senhora mora com o marido, outro filho e os netos numa casa grande, confortável, com árvore na frente, em bairro de classe média da Zona Norte de São Paulo. Família com renda suficiente para pagar ao filho três internações em clínicas particulares, por três a seis meses, cada uma custando de R$320,00 a 410,00 por dia.

"Não deu certo, ele fugia, pedia para sair. Ele estava muito dependente da droga e sentia muita dificuldade pra ficar sem ela. Ele tomava remédio forte, de tarja preta, mas mesmo assim usava droga. O que aconteceu? Ele ficou muito mal e foi internado com embolia pulmonar—vomitou e o pulmão aspirou o vômito. Foram oito meses em duas UTIs, cheio de tubos, não falava mais, e quando eu falava com ele, virava os olhos pra mim e chorava."

Continua:

"Foi preciso traqueostomia, furo na garganta para ele respirar, e ele chorava. Passados oito meses, eu ia trazer o meu filho pra casa em estado vegetativo. Ele faleceu na UTI. Foi triste, muito triste. Fui testemunha de toda a desgraceira com o meu filho naquele hospital, vendo muitos jovens em situação igual. Que absurdo! Meu filho morto por ser escravo das drogas. Onde eu encontro forças? No Amor Exigente, que me acolheu, orientou e me apoia até hoje. Acredito e busco forças em Deus. Mas é muito, muito triste, toda vez que penso que meu filho era submisso, era escravo dessas drogas que aleijam, matam quem usa e arrasam a vida de quem vive com o dependente."

Mãe conta chorando: "Meu filho vendeu todos os móveis da nossa casa para comprar drogas na cracolândia de SP"

"Eu e meu marido chegamos de viagem e nos assustamos quando abrimos a porta da nossa cobertura na região central de São Paulo. O apartamento estava vazio. Mas a porta não estava arrombada. A fechadura não estava quebrada. Chamamos o porteiro e o síndico. Os dois deram a notícia que nos fez sentar no hall de entrada e chorarmos. O nosso filho, de 54 anos, foi ao apartamento e levou tudo dizendo que estávamos mudando e que havíamos pedido para ele fazer a mudança. Choramos porque entendemos o que havia ocorrido. Nosso filho vendeu tudo da casa para comprar drogas na cracolândia próxima do nosso apartamento, a da alameda Dino Bueno, no centro de São Paulo. Ele é dependente, já foi internado várias vezes. Atualmente, dorme num abrigo da Prefeitura na alameda Barão de Limeira, na região central da cidade."

"Meu filho de 12 anos e dependente de drogas já me ameaçava em casa", conta R.S. que internou o adolescente no Hospital Lacan, em São Bernardo do Campo, SP

"Internei meu filho de 12 anos por causa de drogas. Ele disse que era maconha. Mas eu não sei. Ele ia pros bailes funk e voltava só de madrugada. Outro dia me contou que tomou um litro de vodka. Minha irmã me contou que ele já estava no crack. Em casa, ele exigia dinheiro e ficava nervoso quando a gente não dava. Eu já estava ficando com medo do meu filho. No Hospital Lacan, em São Bernardo do Campo, diretores comentaram ser tão grande a procura pela internação de crianças e adolescentes dependentes de drogas que seriam necessárias, pelo menos, mais NOVENTA VAGAS."

"Dói ver filho na cracolândia", conta A.L.M., mãe de classe média da região central de São Paulo:

"O dia que meu filho sumiu, ele estava de terno, voltando do trabalho. Era uma quinta-feira. Desesperada, liguei para todos os colegas dele, procurei na delegacia, liguei até para o Instituto Médico Legal. Nada! Nenhuma informação. Via WhatsApp, pedi ajuda para localizar o meu filho, um jovem de 27 anos, trabalhador, morador da região central da cidade. Só no dia seguinte, depois de uma madrugada inteira nervosa e acordada, recebi a resposta, que me deixou sem palavras e sem fala. O meu filho foi localizado na cracolândia da Alameda Dino Bueno, próximo ao endereço da família, na região central da cidade. Ele estava fumando crack. Quando voltou para casa, na sexta-feira, estava sujo, sem dinheiro, confuso e com vontade de usar drogas. Chorei e continuo chorando muito. Meu marido procura tratamento para o nosso filho. Na rede pública, dificílimo. E na rede particular, caríssimo. O que mais me dói é ver meu filho querendo voltar para a cracolândia."

"Lutei cinco anos para recuperar meu filho", revela M.P, viúva que ficou muito doente com feridas na boca e na pele

"Mãe, eu tô fumando maconha com o meu grupo e a gente fez um pacto: a gente só vai fica na maconha, tá, mãe?"

Parada na sala, com o coração disparado, a mãe ficou olhando para o filho de 13 anos sem acreditar que aquilo estava acontecendo na sua casa.

Viúva, mantinha três empregos para oferecer ao único filho boa casa, escola de qualidade, boas roupas e tudo que ele precisasse.

"Foi como se o chão estivesse afundando. Fiquei desesperada porque sabia, já tinha lido sobre os efeitos da maconha. Eu não queria esta desgraça na minha família. Naquele momento, começava uma grande transformação na minha vida. Pedi demissão em dois dos meus três empregos para poder me dedicar ao meu filho, lutando pela sua recuperação. Fui obrigada a fazer muitos cortes em nossas despesas, chorei muito, fiquei muitas noites acordada porque meu filho chegava de madrugada."

Continua:

"Ele não queria mais estudar. Começamos a brigar muito. Depois da maconha, meu filho experimentou cocaína junto com todos os colegas que acreditavam que iriam ficar só na maconha."

E mais:

"Cinco anos depois, com muitas dificuldades para atendimento na rede pública de saúde, fazendo empréstimos para pagar psiquiatras particulares, enfrentando a negação do meu filho que afirmava não ser doente, não ser dependente, apesar de não ficar mais sem drogas, conheci o AMOR EXIGENTE, formado por pais que também haviam enfrentado o mesmo sofrimento, sendo acolhida, amparada, compreendida e a cada dia fortalecida na minha decisão de salvar meu filho. E meu filho foi o único no seu grupo que conseguiu recuperação. Os outros colegas continuam usando drogas. Quando meu filho parou, voltei a ser feliz. Mas o estresse acumulado durante cinco anos me causou uma doença que abria feridas na boca e na pele. Doença incurável, chamada Pênfigo, com tratamento, que se prolongou por mais cinco anos. Meu filho continua em recuperação e nos tornamos sócios numa empresa que produz sorvetes. Estamos, finalmente, felizes."

"O crack matou meu filho", chora a professora A.G.S., da Zona Leste da capital, que pediu para contar sua história, durante apresentação no Colégio da Polícia Militar da Penha, em 3 de fevereiro de 2014:

"Perdi meu filho, de 29 anos, para o crack. Ele morreu. É a primeira vez que eu estou conseguindo falar. Ouvindo os rapazes contarem que roubavam para comprar a droga, lembranças que são pesadelos voltaram à minha memória: para comprar o crack, meu filho vendia o sabão em pó lá de casa; até o macarrão! ele levava embora e eu ficava sem ter o que comer...Às vezes, eu estava digitando trabalhos aqui pra escola, e ele ...é tão dificil falar...ele levava embora o computador porque precisava da droga.

E então, o apelo dessa mãe, chorando, para seus alunos no auditório:

"Pelo amor de Deus, NÃO EXPERIMENTEM!... Meu filho foi preso três vezes. Que humilhação para uma mãe ir a uma cadeia... a gente tem que ficar nua porque há a desconfiança que a gente carrega droga pro filho... Ele foi internado e até hoje, três anos após a morte dele, eu pago empréstimo para poder pagar todas essas dívidas com as clínicas. Decidi levantar e contar tudo para vocês para implorar: PELO AMOR DE DEUS, NÃO EXPERIMENTEM DROGA, NUNCA!" Chorando, a professora olha para os seus alunos e sai do auditório.

"Fiquei em depressão profunda e com fibromialgia, que faz doer todo o corpo, quando vi meus filhos usando drogas", conta E.M., professora de São Paulo:

"Depois de ver que o meu filho começou na maconha, experimentou ecstasy nas raves, LSD, lança-perfume cocaína, eu não tinha certeza de que ele não chegaria no crack, fiquei com depressão profunda.Nem com medicamentos respondia. O meu outro filho também tinha sido dependente de maconha e cocaína mas consegui sua recuperação. Agora, enfrentando o mesmo pesadelo novamente, sentia uma dor profunda, eu me sentia absolutamente sozinha, impotente, sem condições de reverter essa situação, sem condições de contar com ninguém mesmo! Fiquei tanto tempo na depressão, que me deu uma outra doença, a Fibromialgia, que faz doer todo o corpo."

Continua:

"Só não dói o cabelo, mas quando lavava, só de tocar o couro cabeludo as lágrimas corriam dos meus olhos, eu estremecia de dor. Pulava na cama de tremedeira de dor, com 39 graus, tinha que por duas cobertas por ficar gelada de frio. Médicos não conseguiam o tratamento adequado. Oito meses até conseguir o tratamento ideal pra mim. Foi o que me causou os caminhos escolhidos pelos meus filhos. O Amor Exigente me estendeu a mão, explicou que meus filhos tinham uma grave doença, como eu deveria agir, mas em primeiro lugar me ensinou que eu precisava me ajudar, ficar forte, pra ajudar os meus filhos. E eu consegui. Hoje, me sinto em condições. Quando meu filho, que ainda está no uso disser quero ajuda eu vou responder vou te apoiar."

"Eu e meu marido ficamos muito doentes com a dependência de drogas pelo meu filho":

"Meu filho usou drogas até os 19 anos. Bebida, maconha, cocaína e crack. Foi preso por assalto. Cumpriu pena no CDP de Pinheiros, na Zona Oeste de São Paulo. Eu choro o dia inteiro e preciso de muito remédio para amenizar minha forte depressão. Meu marido tem feridas nos braços e no corpo. Ele também sofre de hipertensão e, por todo o nervoso que já passou, teve paralisia facial."

Casal de classe média que encontrou equilíbrio, entendimento da doença e forças para enfrentar a doença do filho no Amor Exigente:

"O Amor Exigente salvou nossas vidas, nos resgatou de um total desequilíbrio, nos acolheu, orientou, ensinou sobre a doença e nos fortalece, a cada dia, para enfrentar o pesadelo que a maconha causou ao nosso filho e às nossas vidas."

"Descobri que meu filho usava droga durante o primeiro surto em que ele quebrou toda minha casa", conta R.A., que, por depressão, vendeu suas quatro cafeterias e uma rotisserie em São Paulo:

"Meu marido morreu aos 45 anos por alcoolismo. Meu filho aos 13 anos já dava sinais de uso de drogas mas eu não admitia. Não criei filho pra ser drogado, eu repetia."

Segue:

"Na época eu era dona de quatro cafeterias e uma rotisserie no Ipiranga, Zona Sul de São Paulo. À medida que o tempo passava, meu filho ia ficando mal educado, respondia, não respeitava minha autoridade como mãe. Mas eu achava que era coisa da adolescência."

Continua:

"Até que um dia, uma vizinha me ligou e pediu pra eu vir correndo pra casa. Meu filho estava quebrando tudo, dizia nervosa a minha vizinha. Chamei a polícia e quando cheguei, meu filho estava tendo um surto psicótico. Ele destruiu a minha casa. Eu não acreditava que aquele menino loiro, de olhos azuis, um Apolo, estava fazendo isso. Era o meu menino! E eu estava com muito medo. Ele começou quebrando os vitrôs. Ele pegou uma frigideira e bateu contra os basculantes da minha cozinha. Depois, ele foi pro meu quarto. Eu tinha acabado de comprar um guarda-roupa com oito portas e sapateiro. Ele quebrou inteiro e jogou pela janela, foi persiana, foi tudo nessa fúria. Os policiais que estavam comigo diziam que nunca tinham visto isso. Eu implorava: façam alguma coisa, pelo amor de Deus! Eles entraram e algemaram ele."

Pausa, respira, toma fôlego:

"Eu chorava. Nunca imaginei ver meu filho algemado e levaram ele pra delegacia. Eu tive a sorte de encontrar um delegado bom. Eu e minha filha estávamos desesperadas. Aí o delegado disse, vou com a senhora pro hospital psiquiátrico da Vila Mariana, na Zona Sul de São Paulo. E meu filho foi internado, amarrado numa camisa de força. Ele esperneava, gritava, eu chorava. Os psiquiatras me explicaram que ele tinha esquizofrenia causada pela droga."

Recupera a história:

"Ele tinha fumado maconha, que conheceu com os coleguinhas, depois cheirado cocaína em festa e já estava fumando crack na rua. Com o uso de droga, meu filho abandonou a escola. Precisou de dois anos para fazer quarta série; três anos, a quinta série; e quatro anos, a sexta série. A direção da escola pediu pra eu tirar ele do colégio."

Lembra, abatida:

"Enquanto isso, ele conseguia droga com os amigos da perdição, na rua. Depois que o meu filho foi internado eu procurei muitos lugares pra entender a dependência de drogas. Fui até em lugar que eu tive que pagar R$40,00 para eles me informarem como era internação. Eu era casada pela segunda vez. Mas quando meu marido viu aquela destruição da nossa casa, foi embora. Eu entrei em depressão. Se alguém botasse a mão em mim eu gritava de dor. A única coisa que eu queria era morrer. Uma vez, no Parque D. Pedro comecei a chorar, minha filha com 16 anos pedia para eu parar. No ônibus, eu chorava tanto que todo mundo me olhava. Fiquei quatro meses de cama por causa da depressão. Tive de emancipar a minha filha para me desfazer da rotisserie e das cafeterias. Só depois de muito tempo, achei o Amor Exigente, indicado por um psiquiatra da clínica onde meu filho estava internado. Foi muito difícil. Mas hoje aprendi a lidar com a doença do meu filho que está em recuperação mas não estuda e nem trabalha por causa da esquizofrenia."

Histórias sofridas, de vidas destruídas pelo uso de drogas. Após as apresentações, crianças e adolescentes passaram a fazer filas para abraçar essas mães, os dependentes e os profissionais. Alguns pediam autógrafos. Outros tiravam fotos juntos. E todos repetiam:

"Força! Você vai vencer. Obrigada por vir à minha escola contar sua história. Eu não quero isso pros meus pais."

▲ DROGA EXPOSTA EM PRATO E VENDIDA EM PLENA RUA NA CRACOLÂNDIA NA AL. DINO BUENO.
Foto: © Carlos Torres

Avaliações

1 Glaucia Elaine Bosquilha, professora da FITO-Fundação Instituto Tecnológico de Osasco:

"Esta iniciativa da Jovem Pan de trazer uma palestra de tamanha importância é louvável e a gente gostaria de agradecer o fato de vocês estarem aqui. A Campanha fez a gente acordar para várias realidades, com vários exemplos."

2 Carlos Eduardo Bragotto, pedagogo e Coordenador do Colégio Campos Salles, na Lapa, Zona Oeste da cidade:

"Esta Campanha é excelente porque apresenta o depoimento do dependente em recuperação e as explicações de um especialista no tratamento da dependência de drogas. Muito esclarecedora!"

3 Maria Cristina Gomes Scarfone, Coordenaeora do Curso Médio do Colégio Santa Helena, na Vila Gumercindo, Zona Sul de SP:

"É essencial essa participação da Rádio Jovem Pan, fazendo com que, realmente, essa moçada aprenda sobre os riscos da bebida e das outras drogas para saberem e poderem passar para os pais e familiares tudo que aprenderam aqui, tentando transformar suas famílias e eles próprios."

4 João Roberto Campaner, Diretor da Escola Senai Roberto Simonsen, no Brás, região central de SP:

"Muito válida esta campanha. É fundamental o esclarecimento dessa juventude, o que a droga causa na vida deles e das famílias. O trabalho da Jovem Pan é fundamental. É informação. Os depoimentos são realidades. Alguém que passou por isso e está vindo dar o depoimento. Fiquei emocionado! Esta Campanha é fundamental para sociedade. Tenho certeza de que os depoimentos também fizeram diferença na vida dos dependentes em recuperação. Parabéns pelo trabalho!"

5 Selma Granja, psicóloga escolar do Colégio da Polícia Militar em Santo Amaro, Zona Sul de São Paulo:

"Acho maravilhoso. Traz depoimentos. Esta Campanha é perfeita!"

Premiações

Jovem Pan Pela Vida, Contra as Drogas recebeu 26 prêmios em seus 12 anos. Campanha reconhecida pelas câmaras municipais, foi premiada pela OAB/SP, pela CNBB, pelo Ministério da Justiça, por Lojas Maçônicas, Rotarys, universidades e ADVB. No final dos capítulos, os importantes prêmios recebidos por esta iniciativa pioneira pelo importante trabalho de prevenção em 700 escolas públicas e particulares, universidades, além de outras importantes instituições de 39 cidades de São Paulo. Em 22 de abril de 2003, 1500 pessoas lotaram o auditório do Anhembi, na Zona Norte de São Paulo, para assistir a esta iniciativa pioneira.

 Campanha recebeu o prêmio da CNBB Confederação Nacional dos Bispos do Brasil, em 2005

 Campanha premiada em 2006 pelas Lojas Maçônicas de São Paulo

 Campanha premiada em 2015 com o diploma "Embaixadores do Esporte e da Prevenção às Drogas" da Secretaria de Esporte, Lazer e Juventude

▲ OS ESTRATEGISTAS

capítulo 6

Os Estrategistas

Tudo é difícil para o especialista que trata dependentes de drogas no Brasil. A maioria dos cursos de Medicina ignora esta grave doença, reconhecida pela Organização Mundial da Saúde. No Código Internacional de Doenças, dependência química é classificada como doença progressiva, crônica, causadora de outras enfermidades e fatal. O Brasil é um dos 11 países que assinou, em 2004, o primeiro estudo da Organização Mundial de Saúde. Estudo que descreve as descobertas sobre os mecanismos cerebrais da dependência química e analisa implicações éticas de formas de tratamento. Traz também recomendações às políticas e aos programas governamentais a serem adotados.

No Brasil, porém, as drogas já causam epidemia, que atinge até crianças de todas as classes sociais. Além disso, a banalização das drogas dificulta o tratamento. Como convencer um adolescente que vê uso de maconha e crack nas ruas de que essas drogas são as causas da sua grave doença? Além disso, as clínicas que aceitam internação involuntária estão sendo processadas por quem defende não ser necessária a internação, mesmo quando o doente já está agredindo os próprios pais. O governo, por sua vez, ignora a epidemia e não promove campanhas de prevenção e nem investe em tratamento. Enquanto isso, cracolândias tomam calçadas e ruas, com homens e mulheres exibindo o uso do crack em bairros residenciais e comerciais no país. E nada é feito.

Profissionais que participaram de Jovem Pan Pela Vida, Contra as Drogas descrevem esta essa difícil realidade.

Capítulo 6 — Os Estrategistas

▶ **Maria Diamantina Castanheira dos Santos**
"Informação é vacina contra as drogas no Brasil"

A psicóloga Maria Diamantina Castanheira dos Santos dedica sua vida ao tratamento de dependentes de drogas. É uma das mais experientes especialistas no tratamento da doença chamada dependência química, causada pelo uso de bebida, maconha, cocaína, lança-perfume, ecstasy, crack, heroína e outras drogas. Já recuperou 2.700 dependentes no Brasil. Entre os pacientes estão filhos de juízes e empresários de Fortaleza, Maceió, Recife, João Pessoa, Natal e São Paulo. Jovens que abandonaram suas famílias para usarem crack nas ruas e também moças e rapazes que desenvolveram alcoolismo e dependência de maconha e cocaína.

Paulistana do bairro da Casa Verde, Zona Norte de São Paulo, tornou missão sua profissão, após passar a infância e juventude sofrendo, com a mãe e a irmã, pelo alcoolismo do pai.

Maria Diamantina participou da Campanha, como voluntária, por onze anos. Otimista, revela na voz firme e clara uma personalidade forte que nunca se curva aos desencantos da vida. É admirada por pais e pacientes por sua ética e coerência. Mulher sem vaidades, não usa maquiagem e prefere roupas práticas como jeans com camisa ou camiseta. Está sempre pronta para socorrer dependentes e famílias.

Com especialização nos Estados Unidos, Maria Diamantina adota uma técnica inovadora no país: ela se interna junto com os dependentes que irá tratar na Clínica Reviva, em Piedade, cidade paulista a 99 quilômetros da capital. Clínica administrada pelo seu marido Leônidas da Silva Tonico. Uma internação de 14 dias:

"A doença é crônica, de tratamento longo. A primeira parte consiste na internação que no nosso conceito deve ser o mais curto possível para possibilitar o retorno do paciente à família e ao trabalho. A segunda fase é do acompanhamento com consultas no ambulatório e participação nas reuniões do Amor Exigente, Narcóticos Anônimos ou Alcoólicos Anônimos."

A Reviva mantém ambulatório em São Paulo, no bairro da Casa Verde, Zona Norte da cidade, e supervisiona grupos de acompanhamento após internação em Maceió, capital de Alagoas, Fortaleza, capital do Ceará, João Pessoa, capital da Paraíba e em Minas Gerais nas cidades de São Lourenço, Lavras e Montes Claros.

"Excepcionalmente, já recebi paciente de 15 anos, dependente de bebida e maconha. Menor só trato se a mãe ou o pai se internarem junto. São muitas as exigências do Estatuto da Criança e do Adolescente. Também já tratei pessoas de 70 anos. No tratamento, reforço a importância das reuniões de Alcoólicos Anônimos e Narcóticos Anônimos e a parte espiritual. Tenho, portanto, assim, um índice de recuperação em torno de 50 a 60%."

Maria Diamantina ensina aos pais limites fundamentais na recuperação dos filhos. Para Maria Diamantina, as cracolândias e o não cumprimento das leis antidrogas no país dificultam o tratamento:

"Tudo isso dá ao dependente a sensação de que eles podem usar. Quem tem filho usuário de drogas não consegue descansar. É desesperador ver filho se afundando. A maioria dos pacientes internados tem entre 20 a 50 anos. Muitos são alcoólicos que também tomam antidepressivos e ansiolíticos; os mais jovens, em torno de 18 a 20 anos, são dependentes de álcool e maconha; aos 25 já experimentaram cocaína, ecstasy e a maioria usou múltiplas drogas, inclusive o crack. Os que usam anabolizantes representam 5% na minha clínica. Todos chegam com déficit de atenção e falta de concentração, dificuldade para se expressar, sem percepção dos prejuízos em sua vida e do quanto sacrificaram seus familiares. Alguns tiveram graves acidentes de automóveis com perda total. Suas famílias estão destruídas."

Como mãe, sempre conversou com a filha, Esther, sobre drogas. Formada em Relações Internacionais, a jovem passa para suas amigas os conhecimentos que adquiriu com os pais. Para Maria Diamantina, prevenção é fundamental para filhos, pais e professores.

"Sempre me emocionei nas apresentações da Campanha nas escolas por ver pais e professores desesperados, sem saber por onde começar. Nós levávamos informações preciosas. São Paulo precisa ter mais ações como Jovem Pan Pela Vida, Contra as Drogas. Informação é fundamental, é vacina contra as drogas no Brasil, onde o uso já causa epidemia, destruindo o futuro de adolescentes e de suas famílias."

▶ **Alexandre Araujo**
"A Campanha cumpriu seu papel de educar"

Alexandre Araujo é um brasileiro que não perde a esperança na luta contra as drogas na São Paulo das cracolândias. Criador da Associação Intervir e da ONG Faces & Vozes, utiliza o seu exemplo de recuperação como incentivo para todos que trata. Bebida, anfetaminas, maconha e cocaína foram suas drogas na juventude. Internado quatro vezes, só na última ficou recuperado.

"Eu estava delirando, ouvindo vozes, com medo de morrer. Tive dois irmãos que morreram por uso de drogas. Na internação, conheci um grupo chamado Toxicômanos Anônimos que, depois, passou a se chamar Narcóticos Anônimos."

Recupera seu momento de virada:

"Abracei a causa. Viajei pelo Brasil criando grupos no país inteiro. Depois, trabalhei por dez anos no Hospital Bezerra de Menezes, em São Bernardo do Campo, cidade paulista a 22 quilômetros da capital. Constatei que não aceitavam ficar com dependente que não cumpria regras. As famílias questionavam, dizendo que tinham demorado muito para convencer o filho à internação e, agora, era desligado por que não queria arrumar a cama? Como eu tinha perdido dois irmãos por uso de drogas não acreditava que o dependente tinha de chegar ao fundo do poço para sua recuperação."

Foi quando Alexandre conheceu Donald Lazzo, criador do grupo Alcoólicos Anônimos em São Paulo. Com ele aprendeu uma técnica que evitava chegar ao fundo do poço na dependência de bebida e outras drogas.

"Quando chegasse ao fundo do poço podia já estar morto. Como aconteceu com meus irmãos, de 28 e 32 anos. Fiz cursos na Universidade Federal de São Paulo, no Mosteiro São Bento e passei a atender em parque, sob a marquise do Masp-Museu de Arte de São Paulo- até criar a Intervir em 1998, primeira moradia assistida para dependentes químicos no Brasil. Após a internação, o dependente ainda se sente peixe fora d'água e precisa de uma adaptação à sociedade. Ligação que a Intervir faz. Eles dormem na Intervir e durante o dia vão procurar escola, trabalho, visitar a família. Quando voltam relatam aos profissionais da Intervir como se sentiram e se houve vontade de usar drogas. Quinhentos dependentes de todo o Brasil, de 18 a 70 anos, passaram pela Intervir, na rua Backer, Cambuci, centro de São Paulo."

Na Intervir – agora instalada em Santo André, na região do ABC paulista -, Alexandre também trabalhou com o Programa de Proteção à Criança Ameaçada de Morte pelo tráfico. Promotores mandavam crianças e adolescentes para a Intervir para ficarem escondidas e protegidas.

Alexandre inaugurou em 2016 em Embu-Guaçu, município paulista a 45 quilômetros da capital, uma Ecovila. Também a iniciativa abriga moradia assistida mas é auto sustentável com hortas cuidadas pelos pacientes, produzindo legumes, verduras e frutas utilizadas na alimentação dos pacientes. Isso possibilita cobrar pela internação somente um salário mínimo, por mês.

Alexandre entrou na Campanha incentivado por um jovem paciente de 18 anos que ele indicou para depoimentos.

"Ele tinha baixa-auto-estima, dificuldade de comunicação, sentimento de inadequação, problemas que dificultavam sua recuperação. Quando começou a dar depoimentos na Campanha houve grandes mudanças. Ele se sentia aceito à medida que fazia as palestras e assim estava ajudando outras pessoas. Participar fez bem para ele que disse para eu ir assistir. Fui e me tornei voluntário por onze anos. Acredito que a prevenção é a solução no Brasil. O que mais me emocionava na Campanha era ir às escolas públicas da periferia, ver aquela falta de recursos e a banalização das drogas entre os estudantes. A gente chegava com informação e era ouvido por esses adolescentes, que no final da apresentação, vinham pedir ajuda para tratamento."

Alexandre indicou vários pacientes para depoimentos na Campanha:

"Todos os dependentes que indiquei começaram a perceber na Campanha como tudo começou na vida deles. O ato de ir buscar o dependente com a van da Jovem Pan e a equipe cumprimentar seus pais quebravam o estigma da doença."

Na Intervir, Alexandre Araujo também foi procurado por pais que ouviam a Campanha na Jovem Pan:

"Muitos pais de dependentes que ouviam a Campanha na Jovem Pan me procuraram na Intervir pedindo ajuda para os filhos. A Campanha fez história nos seus 12 anos. Encontro jovens que me conheceram na palestra e me dizem como foi importante para a vida deles ouvir aquelas informações. A Campanha cumpriu o seu papel de educar."

Alexandre Araujo é exemplo de persistência no país. Trabalha para mudar a história da dependência de drogas no Brasil, valorizando a recuperação, com oportunidades e esperança.

▶ **Maria Angélica Viana da Graça**
"Sou procurada por pais que sempre falam da Campanha"

Quando Maria Angélica Viana da Graça chegou a São Paulo, a Campanha estava começando. Era 2002. A recém formada psicóloga vinha de Aracaju para um doutorado em São Paulo. Mas mudou os planos. Trocou o doutorado por uma especialização em psicanálise, ciência que estuda o inconsciente da pessoa para encontrar solução para seus conflitos.

Foi trabalhar em clínicas nas cidades de Guarulhos, Cotia, Itapecerica da Serra, Suzano e Mariporã, onde acabou constatando que a grande procura por tratamento era de dependentes de drogas. Maria Angélica foi, então, estudar a dependência química, doença causada pela dependência de bebida, maconha, cocaína, lança-perfume, ecstasy, crack e outras drogas. Incurável mas com grandes possibilidades de recuperação. Decidiu que cuidar desses doentes seria sua missão em São Paulo. Em 2009, entrou na Campanha como voluntária, indicada por Alexandre Araujo, da Intervir, e inaugurou sua própria clínica, a Comunidade Terapêutica Caminho de Luz, em Parelheiros, Zona Sul da capital.

"Vendi meu apartamento e comprei uma chácara para montar a Caminho de Luz, com internações de seis meses. Só para homens porque tratar mulheres é mais difícil. Com o uso de drogas, mulheres perdem o respeito por si próprias e têm mais dificuldade para aceitarem o tratamento. No primeiro mês, o dependente é desintoxicado. Só após 90 dias, começa a ter noção de sua realidade e aceitar o tratamento. Antes de três meses, a abstinência é grande, o desejo de usar aumenta e a pessoa não aceita mudar de comportamento. Os outros três meses é para aprender a viver sem drogas."

Maria Angélica já tratou mil dependentes de 13 a 80 anos. A maioria por dependência de bebida alcoólica, maconha, cocaína e crack. Ela conta que tem internado também dependentes de lança-perfume e cocaína, "que em surtos estão quebrando suas casas". Sobre internados por dependência de crack, Angélica revela que "todos começaram experimentando bebida alcoólica, depois maconha, cocaína e, em seguida, crack".

Angélica defende a prevenção, motivo de ter participado da Campanha da Jovem Pan:

"A Campanha foi muito importante porque sempre deu aos adolescentes, professores e famílias a oportunidade de conhecer a realidade das drogas com o depoimento de dependentes em recuperação. Até hoje, 2016, tenho famílias que me procuram porque ouviram a Campanha na Jovem Pan, assistiram nas escolas ou são leitores do Blog da Campanha no site da Jovem Pan."

Para definir a dependência de drogas, Maria Angélica cita 11 verbos que caracterizam essa grave doença: escravizar, manipular, mentir, alienar, afundar, brigar, excluir, derrubar, derrotar, roubar e perder.

Também Maria Angélica tem alertado as autoridades para a necessidade de criação de setor que ajude professores quando flagram uso de drogas nas escolas. Defende também a criação de 0800 para denúncia de uso de drogas em condomínios, ruas e escolas.

Mãe de futuro médico, fala com orgulho do filho:

"Meu filho, Carlos Milton, de 21 anos, cursa Medicina na Universidade de Taubaté. Fui mãe que sempre acompanhou os estudos do filho e sempre esperava quando ele voltava de festas na adolescência. Sempre alertei para os riscos da bebida e outras drogas. E eu tive a felicidade do Carlos nunca ter experimentado drogas. O resultado é esse. Em breve, ele será médico. Há orgulho maior para uma mãe?"

▶ **Sandra Crivello**
Boca e dentes revelam a droga usada

Um bom dia alto e sonoro, beijo no rosto e um "oi, tudo bom?" marcavam a entrada na van da Campanha de Sandra Crivello. Loira de cabelo curto, charmosa na sua delicadeza em tratar todos iguais, sempre usa roupa esportiva com estilo e, como dentista, tem um sorriso admirável. Uma guerreira contra as drogas.

Formada em Odontologia em 1985 pela Organização Santamarense de Educação, fez estágio no Hospital do Câncer, Pronto Socorro de Fraturas da Lapa na área de Cirurgia Buco-Maxilo-Facial e, em seguida, foi para a França especializar-se no combate a AIDS. Quando voltou juntou-se à a equipe da Casa da AIDS em São Paulo, em 1991.

Em 1998, foi efetivada no Hospital Heliópolis, para atender na Odontologia, casos de infectologia e, depois transferida para o Serviço de Infectologia, onde constatou que a maioria esmagadora dos casos atendidos, em sua vivência profissional, sempre tinham uma correlação com drogadicção. Tornou-se uma estudiosa das manifestações estomatognáticas decorrentes do uso de drogas, comprovados pela graves lesões nas bocas e nos dentes, sem contar a perda da adesão ao tratamento da AIDS, que os levavam a frequentes internações devido à baixa imunidade e infecções.

"A gente consegue observar através do estado dentário, da mucosa bucal, o tipo de droga que a pessoa usa. Droga fumada chega a mil graus, portanto, a mucosa bucal e dente não têm condição de suportar esse calor, que causa lesão. Demora para cicatrizar, quebra o dente. Digo aos pacientes para ficarem 48 horas sem droga, e, eles mesmos constatam que as lesões diminuem muito, prova de que está sendo queimado. Narguilé também causa queimaduras na língua."

Sandra foi Coordenadora de 2009 a 2013 do setor de Saúde Bucal na Clínica Greenwood. Foi convidada pelo proprietário, psiquiatra Pablo Roig. E desde 2014, trabalha na área de Saúde Bucal do Instituto de Infectologia Emílio Ribas, referência na rede pública do país.

Sandra foi apresentada à Campanha pelo então vice-presidente da Lincx Sistemas de Saúde, doutor Jair Monaci.

Impressionante o seu carisma e comunicação com todas as idades. O segredo? Uso de palavras fáceis de entender mesmo para explicações complexas como os efeitos das drogas no cérebro ilustradas com fotos. Durante suas explicações plateias reagiam com "ui!", "ai!", e até abaixando o rosto para não ver feridas, dentes quebrados, línguas machucadas, lábios queimados e até sapinho em grande quantidade em bocas destruídas pelo uso de drogas. Sandra repetia: "Só tem risco para quem usa!"

Ver Sandra, explicando, se aproximando dos jovens, sensibilizando os pais e, principalmente, conscientizando, mostra como ama, respeita e cuida com carinho de cada pessoa que tem o privilégio de estar no seu caminho. Suas palavras, suas fotos, sua forma de fazer a plateia participar, são tsunami neste Brasil marcado pelo tráfico e pela corrupção. Sandra Crivello mostra com ações, palavras e, principalmente, generosidade, o Brasil que a gente sonha um dia ter: o da ética, da competência e, principalmente, do respeito ao ser humano.

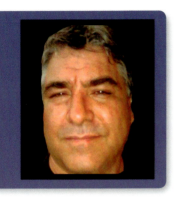

▶ **André Luiz Arouca**
A Campanha conscientizou ao mostrar histórias reais

Foi a proposta inovadora da Campanha, levar o dependente em recuperação para depoimento, que motivou o psicólogo André Luiz Arouca a participar desta dessa iniciativa pioneira da Jovem Pan:

"O formato inovador de levar para a escola o dependente em recuperação, junto com um profissional, estimulou os jovens à reflexão. Eles assistiam ao depoimento de quem havia percorrido o trajeto 'da ilusão ao desespero', ou seja, da lua de mel com as drogas ao drama da dependência com todas as perdas que a doença causa. Ao receber o convite da Jovem Pan, fiquei muito grato, porque havia muita falta de informação sobre esse tema."

Advogado formado pela PUC-Pontifícia Universidade Católica em 1986 e psicólogo pela Universidade São Marcos, André Luiz Arouca tem especialização em dependência química pela Escola Paulista de Medicina. É o proprietário da clínica que leva o seu nome, localizada no Paraíso, bairro da Zona Sul de São Paulo.

"Foi gratificante participar da Campanha. Levávamos informações para quem tinha sede de entender e aprender sobre dependência de álcool e outras drogas. Foi um sucesso! Havia fila de espera de escolas, que após as apresentações, sempre pediam para voltarmos. A Campanha mostrou que o tema consumo de drogas ainda tem muitos mitos e as informações dos depoimentos e dos profissionais respondiam todas as perguntas e desfaziam dúvidas. Conscientizava em todas as idades."

▶ **Roseli Torres Marques**
"Crianças de oito anos já usam drogas em São Paulo"

A psicóloga Roseli Torres Marques é uma das raras psicólogas no país que trata crianças e adolescentes dependentes de drogas. Com uma experiência de dez anos, participou de Jovem Pan Pela Vida, Contra as Drogas quando era Responsável Técnica da Psicologia no único hospital da rede pública para internação de dependentes em São Paulo, o Hospital Lacan, em São Bernardo do Campo, município paulista a 22 quilômetros da capital.

Formada em 1990 em Psicologia nas Faculdades Metropolitanas Unidas, tem título de Especialista em Psicologia Clínica e Psicologia Hospitalar, é Pós Graduada em Dependência Química pela Universidade Federal de São Paulo, com Capacitação em Atendimento Integral ao Adolescente – Secretaria de Estado da Saúde – SUS/SP. Roseli não está mais no Lacan. Hoje, atende em seu consultório particular em São Paulo.

"Já encontramos crianças por volta dos oito anos de idade, iniciando o uso de drogas. Muitas dessas crianças vêm de lares, onde há pelo menos a figura de um familiar dependente ou um dependente químico em recuperação. Somente com a formação de uma rede de suporte atenta e disponível ao adolescente e a sua família, estaremos possibilitando a recuperação de muitos dependentes químicos que, na maioria das vezes, se encontram envolvidos com o comércio das drogas."

Roseli conta que atendeu no Lacan adolescente de 13 anos que já se prostituía na cracolândia, mantida pela Prefeitura na alameda Alameda Dino Bueno, centro de São Paulo:

"Durante minha atuação com adolescentes no Hospital Lacan, recebi uma menina de 13 anos, da cracolândia, para internação por ordem judicial. Magra, apresentava péssimas condições de higiene, era portadora de doença sexualmente transmissível, e já apresentava desorganização mental devida ao uso de crack."

Continua:

"Essa adolescente, estava há dois anos longe de sua casa, morando na cracolândia, no centro de São Paulo, e eventualmente visitava sua mãe e irmãos, mas voltava ao mesmo lugar, onde traficava, roubava e trocava sexo por droga. Segundo contava, havia saído de casa, pois seu pai fazia uso abusivo de álcool e quando alcoolizado abusava sexualmente dela, fato este nunca aceito pela família, que não fazia esforços para resolver a situação e preferia que ela fosse mantida em abrigos, de onde acabava fugindo e voltando à cracolândia!"

Chocada com a situação, Roseli prossegue:

"Essa adolescente recebeu todo tratamento previsto no Projeto Terapêutico do Hospital Lacan, recebendo também todo atendimento clínico necessário. Durante o tratamento toda a equipe técnica trabalhou também a aproximação e o fortalecimento do vínculo familiar, porém esta adolescente, após todo nosso trabalho com a rede assistencial, retornou a um abrigo, pois a família ainda não apresentava estrutura social e psicológica para recebê-la!"

Conclui, pesarosa:

"E assim, muitos outros adolescentes permanecem na cracolândia sem que alguém olhe para eles e tente verdadeiramente mudar essa realidade, que envolve esforços de todos os setores da sociedade! Precisamos continuar nosso trabalho com força total como a Campanha fez tão bem! Sabemos que a grande arma contra a Dependência Química dependência química é a prevenção, sendo que esta essa deve começar já na passagem da infância para a adolescência. A Campanha Jovem Pan Pela Vida faz isso de forma efetiva, levando não apenas profissionais que transmitem informações aos adolescentes, mas pessoas que falam sobre sua vivência com as drogas, possibilitando com que estes esses tenham uma maior identificação com esta essa problemática e assim de forma simples tirarem suas dúvidas, assimilarem as informações e se transformarem em agentes multiplicadores."

Com relação ao trabalho da Jovem Pan, Roseli tem uma convicção:

"A Campanha Jovem Pan Pela Vida, Contra as Drogas foi uma grande aliada de todos que lutam contra a dependência química, prestando um serviço de suma importância a toda sociedade. Sinto orgulho em ter participado de tal iniciativa!"

▶ **Ivanildo José**
"Festa de 12 anos já tem maconha, mesclado e ecstasy em São Paulo."

Ivanildo José é um homem que não se abala com as dificuldades de sua especialidade: recuperar usuários de drogas em São Paulo. Já tratou 1.700 alcoólatras e dependentes de maconha, cocaína e crack.

Presidente da Casa Dia São Paulo, o seu desafio é dar vida a essas pessoas que perderam tudo e também dar esperança e confiança às suas famílias, marcadas pela culpa e pelo desespero. Seriedade, ética, responsabilidade, respeito pelo doente marcam seu trabalho.

Fui conhecer a Casa Dia São Paulo por indicação de Miguel Tortorelli, coordenador da Federação do Amor Exigente Regional Norte. A clínica, que parece um sítio fica na cidade, na avenida Abel Ferreira, 1.501, Jardim Anália Franco, Zona Leste de São Paulo. É um casarão com árvores, pátio, portão e cerca protegida por vegetação. Uma varanda tem entrada para outras salas, onde estão a secretaria e a sala de Ivanildo, que aceitou passar a indicar dependentes químicos em recuperação para depoimentos na Campanha.

"A Casa Dia procura, através de sua proposta e programação, conduzir o indivíduo a um caminho de reencontro com sua personalidade, seus valores e potencialidades devolvendo-lhe auto-estima e valorização pessoal."

Na Casa Dia, conheci dependentes de 18 a 50 anos de vários bairros e municípios de São Paulo. Vi garotos que ainda não se sentiam preparados para voltar à sociedade, apesar do tempo de internação ter terminado, permanecerem na Casa Dia, trabalhando, estudando, reaprendendo a vida.

Ivanildo passa quase todo o seu tempo na Casa Dia, onde se empenha na recuperação de quem se perdeu nas drogas. Ele é incansável defensor da prevenção:

"A prevenção é cada vez mais necessária porque crianças já usam drogas nessa cidade. Festas de adolescentes de 12 anos, de classe média, já têm maconha, mesclado (maconha com crack) e ecstasy. Eles tomam vodka ice, vinho e cerveja, acreditando ser baixo o teor alcoólico e, cada vez mais, aumentando as quantidades, ficando bêbados. Quando fumam o mesclado ficam viciados no crack. Com a bebida, o risco do adolescente desenvolver o alcoolismo é maior do que no adulto, principalmente se tiver pai ou avô alcoólatra. Por isso a informação correta continua sendo a melhor arma para combater essa banalização que coloca em risco jovens e suas famílias no Brasil."

▶ Maria Lúcia Camões da Costa
"Já tem crianças de 10 anos viciadas em maconha e cocaína"

O sorriso amigo e um jeito de falar sereno tornam Maria Lúcia Camões da Costa a psicóloga que mães desesperadas procuram quando estão perdendo filhos para os traficantes. As palavras ponderadas dessa mulher de cabelos grisalhos revelam a sabedoria de quem recupera esperanças. Uma experiência que Maria Lúcia cultiva desde 1974 quando se formou psicóloga na PUC- -Pontifícia Universidade Católica de São Paulo.

"Hoje, já tem até crianças de 10 anos viciadas em maconha e cocaína. E adolescentes dependentes de drogas em todas as classes sociais. Quando mães ligam pedindo ajuda é porque não estão mais encontrando saída. Já adoeceram junto com o filho e, em geral, não veem que estão começando a pactuar com o uso de drogas, dando acesso muito fácil, por exemplo, o dinheiro."

Famílias vítimas do desrespeito às leis antidrogas e ao Estatuto da Criança e do Adolescente em São Paulo. Pais sofrem, filhos se perdem e os traficantes lucram.

A inteligente, bem humorada e competente Maria Lúcia é uma pessoa do bem que participou, como voluntária, da Campanha da Jovem Pan de 2003 a 2010. Às sextas-feiras íamos buscá-la para apresentações em escolas públicas e particulares. Didática, atraía a atenção dos jovens pela calma e sabedoria.

"Com muito prazer eu ia para a Campanha. Eu gostei muito do projeto. Ter depoimentos de pessoas em recuperação me atraiu muito. É gratificante poder contribuir nessa luta tão grande para que a nossa juventude não se perca no caminho das drogas. O que me chamava atenção na Campanha era a emoção dos jovens. Eles têm um pouco a ideia de que, tudo bem, a gente bebe, usa maconha e não vai ter consequências. Quando começavam a ouvir o dependente, percebiam as consequências físicas, psicológicas, sociais e os impactos que a droga podia trazer. E começavam a pensar duas vezes, principalmente, na parte de saúde física. Chegavam e diziam: agora eu percebi que não é tão simples quanto eu achava. A gente ia a escolas dos mais diversos bairros, dos mais diversos níveis."

Uma recordação especial:

"Lembro de uma escola de classe muito alta, onde vi desrespeito, colocavam os adolescentes para ouvir as palestras mas os professores não participavam. Fiquei chocada com a professora que acintosamente se pôs a defender o uso de drogas, incentivando os alunos, que vieram se desculpar com a gente, lembra Izilda?"

Maria Lúcia lembra de outros fatos emocionantes:

"Também vi escolas muito simples, na entrada de favela, onde a direção achava importante cuidar dos alunos e tinham um trabalho maravilhoso. A gente via isso refletido no interesse dos jovens, na qualidade da escola. Escolas que eram pichadas por fora, mas por dentro eram impecáveis. Os alunos cuidavam se preocupando até em recolher o lixo. Detalhes que mostravam como era a relação da direção com os estudantes. A qualidade da escola pública ou particular dependia muito mais da direção, da coordenação."

Com a experiência de quem trabalhou em hospital psiquiátrico de 400 leitos, que atendia também dependência química, o Instituto Eldorado, em Diadema, que foi fechado, e na API-Assistência Psiquiátrica Integrada, Maria Lúcia domina esse difícil tema, a dependência de drogas. E até hoje recebe telefonemas de pais que a conheceram na Campanha, que ouviram suas explicações nas reportaens apresentadas no Jornal da Manhã ou leram suas declarações no Blog da Campanha no site da Jovem Pan:

"Até hoje recebo muitos telefonemas de pessoas que me encontram através da Jovem Pan. Na hora do desespero, ligam pedindo ajuda. São pais que citam a Campanha, que assistiram ou ficaram sabendo pelo site da Jovem Pan. Ou ouviram no rádio as chamadas. Isso faz com que eles percebam que essa campanha é um alerta. E que não dá para fazer de conta que não está vendo o problema acontecer no próprio lar. O tempo que eu passei trabalhando na Campanha foi muito importante. Aprendi a lidar com plateia. É um tempo que eu lembro da minha vida com muita alegria. Se precisar de mim, pode me procurar."

▶ **Elza Lúcia Lopes**
"Já tratei criança de nove anos dependente de maconha em São Paulo"

Elza Lúcia Lopes dedicou toda a sua vida ao tratamento de dependentes de drogas. São quatro décadas de experiência. No início, traduzia ensinamentos de franceses e ingleses para poder aplicar no Brasil. Trabalhou em várias clínicas.

Quando a conheci, Elza tratava funcionários de estatais em São Paulo em seu consultório, na Zona Sul de São Paulo. Foi apresentada pela cirurgiã-dentista Sandra Crivello. Participou de Jovem Pan Pela Vida, Contra as Drogas como voluntária e com a dedicação de quem ama o que faz. Logo pela manhã, às oito e meia íamos buscá-las às quintas-feiras para levá-la às escolas da periferia, a colégios da alta classe média. Elza é uma enciclopédia quando o tema é droga. Ela conhece tudo na teoria e na prática.

Dos milhares de casos tratados por Elza destaco um dos mais assustadores: uma criança de nove anos dependente de maconha.

"É um caso extremamente preocupante. A descoberta foi em 2013, em condomínio de classe média da Zona Sul da capital. O pai precisava de uma caneta. A mochila do filho estava próxima. Ele buscou na mochila o estojo. Mas quando abriu o estojo, levou um grande susto. Ao invés de caneta, encontrou maconha. Chamou o filho e perguntou se sabia o que era 'aquilo'. E O MENINO, de NOVE ANOS, respondeu: É um pouquinho de maconha. Meu colega pediu para eu guardar."

Completa:

O amiguinho era o filho da faxineira. A mãe levou o filho de 11 anos para o trabalho para evitar contato dele com o pessoal que usava droga na rua. Foi esse garoto que passou pro para o menino de nove anos. "Eu via ele usando e rindo. Eu também queria rir. E fumei", contou o menino. No começo, o coleguinha levava a maconha que eles fumavam duas vezes por semana. Depois, o menino de nove anos passou a comprar de coleguinhas da mesma idade, na escola onde cursava o terceiro ano fundamental.

Os pais do garoto são executivos de grande empresa em São Paulo. Desesperados, procuraram ajuda. E por indicação chegaram à a psicóloga Elza Lúcia Lopes.

"Nessa idade é raríssimo encontrar profissional para tratamento. Internação, então, é mais difícil ainda. A criança não entende porque está sendo tratada por uso de substância, que recebeu de seu coleguinha. Como pode criança já comprar maconha em São Paulo e distribuir para coleguinha de nove anos?"

Enfatizamos muito este caso real, atendido por Elza Lopes em São Paulo, porque nas escolas de ensino fundamental, crianças de 11 anos já contavam ter colegas que fumavam maconha em São Paulo. Os pais mudaram de São Paulo.

Gentil, entusiasmada, otimista, Elza sempre marcou a Campanha com ensinamentos e esclarecimentos sobre os todos tipos de drogas. É, de fato, uma mestra que sempre mereceu todo o nosso carinho.

▶ **Lucinda do Rosário Trigo**
"Cheguei a tratar 50 dependentes de maconha que se tornaram esquizofrênicos"

A psiquiatra Lucinda do Rosário Trigo é uma guerreira. Ela não se intimida quando as dificuldades da vida surgem no seu caminho. Foi dona da Clínica Conviver, na Pompéia, Zona Oeste de São Paulo, referência em internação segundo os principais psiquiatras do país. Tratou pacientes de vários Estados e alerta:

"Cheguei a ter 50 dependentes de maconha que se tornaram esquizofrênicos. Um tratamento difícil porque a maconha já havia prejudicado seus cérebros."

Participou da Campanha com empenho e sabedoria. Seus ensinamentos esclareciam plateias de alunos, pais e professores. Uma mulher sábia, que nunca desistiu desta dessa luta pela vida.

▶ **Diego Bragante**
Atendimentos de emergência a jovens usuários de drogas em SP

Quando o celular tocou, Diego Batista Bragante estava começando a tomar o café da manhã. Do outro lado, uma mulher chorando:

"Diego, pelo amor de Deus, vem pra minha casa agora. Meu filho tá trancado no quarto e diz que vai pular do oitavo andar. Ele diz que só abre a porta se você vier. Estou com o Serviço de Resgate em Emergência do Corpo de Bombeiro em casa. Eles não conseguiram ainda entrar porque ele levou para o quarto o nosso Rottweiler."

Vinte minutos depois, Diego sobe ao oitavo andar do edifício de luxo nos Jardins, em São Paulo. Bate e fala com o garoto. A porta abre, ele vê o cachorro. Hábil, consegue tirar o cachorro do quarto. Entra. O rapaz está na varanda em surto causado pelo uso de maconha, acreditando que o apartamento vai ser invadido. Está apavorado. Diego conversa com ele, acalma e consegue convencê-lo a sair do quarto. O garoto aceita ir com Diego para a internação.

Assim é o dia a dia do psicólogo Diego Batista Bragante, formado em 2003 pela Pontifícia Universidade Católica de São Paulo e especializado no tratamento de dependentes de drogas. Diego foi Coordenador de voluntários e estagiários e Mediador dos grupos de psicoterapia com presos da Penitenciária Mario de M. Albuquerque, localizada em Franco da Rocha, de 2001 a 2006 e também Coordenador do Núcleo de Atendimento à Família na Favela do Gato, de 2003 a 2007. Durante dez anos tratou dependentes de drogas na Clínica Conviver. Atualmente, é proprietário do Residencial Terapêutico Vila São Paulo, em Perdizes, Zona Oeste de São Paulo. Foi indicado à Campanha pela psiquiatra Lucinda do Rosário Trigo, proprietária da Clínica Conviver.

Com a experiência de quem diariamente trata dependentes de drogas em São Paulo, o psicólogo Diego Batista Bragante alerta: crianças entre 10, e 11 anos de todas as classes sociais já experimentam inalantes, maconha e bebida alcoólica. Fato que revela não estar sendo cumprido em São Paulo o Estatuto da Criança e do Adolescente, que proíbe uso de drogas. Também revela o desrespeito à lei federal 11.343, que proíbe drogas em todas as idades. Motivos que reforçam a necessidade da prevenção:

"Sou fã da Jovem Pan e ouvia a Campanha no rádio. Sempre defendi a necessidade da prevenção. E falar com jovens sempre dá bons resultados."

▶ **Ana Laura Parlato**
"Crack já é droga de todas as classes sociais no Brasil"

A psicóloga Ana Laura Parlato é uma mulher elegante, calma e que dirigiu uma das principais clínicas para tratamento de dependentes químicos no país: a Clínica Viva, em Cotia, na Grande São Paulo. Com especialização na Argentina, atendeu pacientes de todo o país também em suas duas outras clínicas na Granja Viana e em Itu. Ana Laura destacou em suas apresentações os riscos da maconha e o aumento dos casos de crack em todas as classes sociais no Brasil. Ela descreve as caracerísticas de quem necessita de internação:

- apresenta sinais físicos e comportamentos de que já está vivendo em função da droga
- negligência total de compromissos sociais, familiares, profissionais ou educacionais
- não consegue mais ficar sem a bebida alcoólica ou outra droga
- enquanto estiver usando droga, vai perdendo a capacidade de decisão
- recusa qualquer possibilidade de ajuda médica

Ana Laura: explica que a lei que autoriza, em todo o país, internação involuntária de usuários de drogas é a 10.216, de 6 de abril de 2001.

▶ Mateus Fiuza
"A pior droga é a que o dependente está usando"

O psicólogo Mateus Fiuza foi indicado à Campanha por Maria Diamantina Castanheira dos Santos. Revelou-se um talento nas explicações para alunos e professores de todas as classes sociais. Didático, sempre com a resposta direta e correta, convencia até mesmo os que decidiam iniciar debates sobre a legalização das drogas, mostrando os riscos já ao experimentar qualquer tipo de droga.

Com especialização em dependência química na Universidade de São Paulo atende em clínicas. Em seu consultório tem recebido adolescentes, que convence mostrando com histórias reais o que poderá acontecer com a vida deles se continuarem no uso. Direto, usa as palavras para ensinar limites, consequências e, principalmente desperta em cada jovem a vontade de estudar, trabalhar e ser feliz sem drogas.

Uma das perguntas que mais recebia na Campanha era: qual é a pior droga?

"Cada usuário tem uma droga de preferência. A que o dependente químico estiver usando é a pior, porque todas vão destruir a vida dele, vão acabar com a sanidade dele. Às vezes, acaba relacionamento, namoro, casamento, perde família, trabalho, colégio, bate carro, só acontece coisa ruim, podendo até matar a mãe ou outras pessoas. Então, não tem droga pior, todas são horríveis!"

Outra pergunta também frequente para Mateus era sobre os efeitos da heroína:

"Heroína é droga proibida no Brasil porque pode causar dependência, náuseas, diminuir o ritmo cardíaco e respiratório, além de confusão mental e hepatite. No cérebro, a heroína é convertida em morfina e liga-se aos receptores opioides (presentes naturalmente no cérebro). Atuam então no tronco cerebral (responsável pelo controle de funções corporais como respiração, batimentos cardíacos), sistema límbico (controle de emoções), medula espinhal (bloqueio das sensações de dor). Seus efeitos a curto prazo são: boca seca, sensação de peso nas extremidades, náuseas e vômitos, diminuição do ritmo cardíaco e respiratório, confusão mental."

▶ **Paulo Campos Dias**
"Quem oferece a primeira droga é sempre o colega de condomínio, festa ou escola"

Paulo Campos Dias é psicoterapeuta formado pelo Instituto de Psiquiatria da Universidade de São Paulo e autor de estudo sobre maconha, publicado no Brasil e na Holanda. Didático, sempre ilustrou suas definições com imagens sobre os efeitos das drogas no organismo. O psicoterapeuta Paulo Campos Dias destaca a necessidade de pais conhecerem os efeitos das drogas por três motivos:

"A droga está banalizada constatamos pela sua facilidade de obtenção em São Paulo. Quem oferece a primeira droga é sempre o colega do filho. É necessário conversar abertamente com o filho sobre as consequências da droga, explicando que experimentar é sempre risco porque a ciência não define ainda quem poderá se tornar dependente de maconha, cocaína, crack e outras drogas."

Sobre o alcoolismo, Paulo Campos Dias explica:

"É doença hereditária. Pai ou avô alcoólatra significa risco de 50% para meninos desenvolverem o alcoolismo; e 68% para as meninas se tornarem alcoólatras. Por isso, o importante é sempre EVITAR O PRIMEIRO GOLE."

▶ **Ana Lúcia Mazzei Massoni**
"Drogas causam dependência cada vez mais rápido"

A psicóloga Ana Lúcia Mazzei Massoni se dedica tanto ao tratamento de dependentes de drogas que abriu até sua casa nas Perdizes, Zona Oeste de São Paulo, em 2014, para reunir rapazes e moças em recuperação no sábado e no domingo, quando é mais forte a solidão de quem foi obrigado a esquecer todos os amigos que usavam drogas. Fazer novas amizades com quem está em recuperação significa manter a sobriedade.

Ana adora sua profissão, iniciada em 1983. Participou como voluntária de Jovem Pan Pela Vida, Contra as Drogas. Didática, sempre utilizou palavras simples para explicar a doença grave chamada dependência química, causada por bebida, maconha, cocaína, lança-perfume, ecstasy, crack, heroína e outras drogas:

"Drogas causam dependência cada vez mais rápido. A princípio, podem trazer alegria, desinibição, entorpecem, tiram a pessoa da realidade. Depois, vem a dependência, ou seja, nada se torna bom se não usar droga. O adolescente, por exemplo, não vai mais a festas para encontrar os amigos. Vai para beber e usar drogas. Depois, vai evoluir para ansiedade, depressão e paranoias horríveis, como acreditar que todos são inimigos, que tem bicho no corpo, bicho na parede, etc."

Ana Lúcia aponta as consequências no corpo:

"Bebida e outras drogas causam também inúmeros problemas físicos. Criam uma dependência que tornam a pessoa escrava dessas substâncias, chegando a deixar de estudar, trabalhar, passam a ignorar a família, rompem com os amigos. Vivem só para usar droga."

Continua:

"São duas as maiores dificuldades para se entender a complexidade dessas mudanças muitas vezes a curto prazo. Muitos pais acreditam que a mudança no comportamento é por causa da idade. E que é uma fase que vai passar. É preciso deixar bem claro, que sem tratamento, não passa. Muito pelo contrário, piora. E outro fator é que droga e bebida são tão banalizadas a ponto de quem está se iniciando, achar que seu uso é normal e, pior ainda, que para quando quiser. O QUE É UMA MENTIRA! Ninguém para quando quer. Para quando é tratado."

Ana é uma mulher que chama a atenção pela calma. Lida com situações difíceis sempre com ponderação. Mas é sempre muito objetiva quando se trata de diagnósticos ou tratamentos. Ana é daquelas psicólogas que pelo jeito carinhoso com que trata as pessoas passa a confiança necessária para revelações. E os pacientes acabam aceitando suas orientações. Tratamento que exige também um reaprendizado dos pais, ensina Ana:

"É preciso amar muito o filho para se empenhar em sua recuperação. Em minha experiência, afirmo que os pais que conseguiram melhores resultados se empenharam muito para salvar o filho. O que eles fizeram? Participaram da Campanha da Jovem Pan para entender o que é a dependência química, leram sobre dependência química, trocaram informações com os casais amigos que enfrentaram o mesmo drama e procuraram a ajuda de educadores, médicos e psicólogos especializados em dependência química. Sem dúvida, é necessário muito empenho. Mas como dizia minha avó: 'É melhor prevenir do que remediar.' Na minha experiência, garanto que excelentes resultados têm sido alcançados pelas famílias que ensinam: o que não se faz por amor a um filho? "

Nossos mais sinceros agradecimentos também a outros 23 conceituados profissionais que participaram da Campanha como voluntários nas escolas clubes, Rotarys, Lions e hospitais:

- Juiz Eduardo Cortez Gouvea
- Promotor Marcelo Barone
- psiquiatra Elie Calfat
- psicóloga Anette Lewin
- cardiologista Nabil Ghonayes
- fotógrafo Carlos Torres
- psicólogo Alexandre Borghi
- psiquiatra Tânia Bitancourt
- psicóloga Cristina Vendramini
- psicólogo Marcelo Trudis
- psicóloga Mirian Ferreira de Souza
- psicólogo Gonzalo Gimenezes
- psicoterapeuta Ângelo Sarra
- assistente social Márcia Farias
- psicanalista Nelson Ito
- psicoterapeuta Márcia Rocha

- psicólogo Manuel Ramos Alves
- terapeuta Mauro Voigt
- pediatra Antony Wong
- psicólogo Clovis Martinoff
- psicólogo Orlando Bonami Júnior
- psicólogo Marcelo Lobato
- repórter Daniel Lian
- psicológo Carlos Damaceno

Avaliações

1 Marcia Nalesso, Diretora do Colégio Califórnia, no Tatuapé, Zona Leste de SP:

"Trazer o depoimento do dependente de drogas em recuperação faz muita diferença. Sem dúvida, uma das melhores palestras apresentadas na escola."

2 Aristides Medeiros, então presidente do Conseg-Pinheiros, bairro da Zona Oeste de São Paulo:

"10% dos cinco mil estudantes matriculados em escolas estaduais de Pinheiros, na Zona Oeste de São Paulo, são usuários de drogas. Nas escolas públicas de Pinheiros, professores descobrem que alunos do período da manhã e até da tarde trazem de casa bebidas como pinga e vinho. E quando os pais são comunicados, não tomam nenhuma providência. Para se proteger da venda de drogas na porta ou proximidades, as escolas aumentam os muros. As diretoras afirmam que pelo reduzido número de funcionários, não conseguem identificar quem vende e quem compra droga dentro das escolas. O aluno usuário de drogas representa risco para o professor e os alunos porque pode causar tumulto, agredir e até impedir a aula. Ignorados pela saúde pública acabam se tornando casos de polícia."

3

Silvana Rodrigues Araújo, Coordenadora Pedagógica do Ensino Médio no Colégio São Sabas, no Jardim Prudência, Zona Sul de São Paulo:

"A palestra da Jovem Pan é muito produtiva, bem esclarecedora. A devolutiva que eu tive dos alunos do terceiro e do segundo anos do ensino médio foi muito satisfatória. Fiquei bastante feliz com a participação deles, com as informações que receberam, com as histórias de vida que foram colocadas aqui. Eu quero agradecer muito à Jovem Pan por vocês estarem aqui conosco e convidá-los para que voltem outras vezes."

Premiações

Jovem Pan Pela Vida, Contra as Drogas recebeu 26 prêmios em seus 12 anos. Campanha reconhecida pelas câmaras municipais, foi premiada pela OAB/SP, pela CNBB, pelo Ministério da Justiça, por Lojas Maçônicas, Rotarys, universidades e ADVB. No final dos capítulos, os importantes prêmios recebidos por esta iniciativa pioneira pelo importante trabalho de prevenção em 700 escolas públicas e particulares, universidades, além de outras importantes instituições de 39 cidades de São Paulo. Em 22 de abril de 2003, 1500 pessoas lotaram o auditório do Anhembi, na Zona Norte de São Paulo, para assistir a esta iniciativa pioneira.

 Por dois anos seguidos, Jovem Pan Pela Vida, Contra as Drogas foi premiada pelo Rotary, organização formada por líderes de negócios e profissionais, que prestam serviços humanitários e estimular ética em todas as profissões. Em 2004, recebemos o Prêmio Rotary República. Em 2005, os prêmios Rotary Club Pacaembu e Sino do Centenário Rotary Internacional.

 Dos 26 prêmios recebidos por Jovem Pan Pela Vida, Contra as Drogas, a coordenadora da campanha foi escolhida por dois anos seguidos, em 2005 e 2006, em votação por internet por profissionais e público para o Prêmio Imprensa. E em 2010, Izilda Alves foi a escolhida por mil sócias do São Paulo Futebol Clube como Mulher do Ano, no Dia Internacional da Mulher.

▲ MÁRIO DE OLIVEIRA FILHO
Advogado Criminal que derrotou o inimigo da Campanha.

capítulo 7

A Grande Batalha

Diante do advogado famoso e elegante em seu terno-azul marinho e camisa branca impecáveis, gravata azul clara e sapatos pretos de couro, recordei, em dezembro de 2015, como num filme de suspense, a guerra que enfrentamos de 2009 a 2011 na Justiça contra defensor da marcha da maconha. Era um movimento que estava proibido em São Paulo.

Estou no amplo escritório, no centro de São Paulo, onde o criminalista Mário de Oliveira Filho, autor de sucessivas vitórias há quase 40 anos no Tribunal do Júri em São Paulo, planejou como derrotar o inimigo da Campanha. A ação era contra o então presidente da Jovem Pan, Antonio Augusto Amaral de Carvalho, como criador de Jovem Pan Pela Vida, Contra as Drogas, e contra mim, como coordenadora da Campanha. Uma ação surreal com recursos no Tribunal de Justiça de São Paulo, no Superior Tribunal de Justiça e no Supremo Tribunal Federal. Mas o nosso inimigo perdeu. E o doutor Mário de Oliveira Filho venceu, após nos defender, voluntariamente, por mais de um ano. Em 3 de março de 2011, o juiz José Zoega Coelho, então titular do juizado Especial Criminal do Tribunal de Justiça de São Paulo, determinou trancar o inquérito por falta de justa causa.

"Portanto, não tendo crime, não tem inquérito policial. Consequentemente, não pode ter ação penal, relembrava o doutor Mário de Oliveira Filho em nosso reencontro na data de dezembro de 2015."

Estávamos numa sala repleta de recordações. À nossa direita, raridades sobre um armário. Três máquinas de escrever – uma Olivetti portátil verde e duas Remingtons, onde defesas brilhantes foram escritas no início de sua carreira, libertando acusados julgados pelo Tribunal do Júri em São Paulo. À esquerda, o histórico prédio da Bolsa de Mercadorias & Futuros, quinta maior no mundo, em imóvel construído em 1904 na Praça Antonio Prado, cartão-postal de São Paulo, motivo da escolha do prédio número 33, em frente à BMF para o endereço do escritório Mário de Oliveira Filho & Silvestrin Filho Sociedade de Advogados, no centro de São Paulo.

Sentado à minha frente, o doutor Mário mantinha as mãos sobre papéis almaços na grande mesa de madeira. Segurando uma das dezenas de canetas que mantém à disposição de seus clientes, gesticulava com as mãos, reforçando cada palavra.

"Decidi defender a Campanha porque vivo aquilo que prego. Sou contra as drogas e me vi, como cidadão e como pai de dois filhos, Bárbara e Marcello, no dever de defender vocês. Eu sempre ouvi a Campanha na Jovem Pan. Tornei-me seu fã, Izilda, e admirador da sua coragem de capitanear esta campanha, indo a escolas. Você interferindo no negócio criminoso, nojento do tráfico de entorpecentes. Além de me identificar com a Campanha, defendo que, como cidadão, tenho de contribuir com a sociedade."

Uma história de absurdos que começou em abril de 2010.

Imagine! Ser intimada junto com o presidente da Jovem Pan para depor numa delegacia e, sem saber o motivo! Depoimentos marcados, como determinavam as intimações, para o dia 5 de abril na delegacia número 23, em Perdizes, Zona Oeste de São Paulo. Nessa data, no entanto, eu teria que ir a Brasília, representando a Jovem Pan no lançamento da Frente Parlamentar contra o Crack. A delegacia de Perdizes foi comunicada e aceitou adiar os depoimentos.

Quando voltei de Brasília, procurei Mário para pedir orientação, já que não entendia o que estava acontecendo. Eu o conhecia há dois anos. Em 2008, quando era Coordenador da Comissão de Direitos Humanos da OAB/SP, ele me telefonou informando que eu seria homenageada, como Coordenadora de Jovem Pan Pela Vida, Contra as Drogas, com menção honrosa no maior prêmio da OAB/SP, prêmio Franz de Castro Holzwarth de Direitos Humanos. Reconhecimento para quem se destaca na luta em defesa da cidadania, da democracia e da justiça social.

Na cerimônia, em 15 de dezembro de 2008, na sede da OAB em São Paulo, foi premiado o então presidente do Supremo Tribunal de Justiça e do Conselho Nacional de Justiça, ministro Gilmar Mendes. Eu e o pastor Pedro Santana Filho fomos homenageados com a menção honrosa do Prêmio Franz de Castro. O pastor foi premiado pelo trabalho de resgate de cidadania junto aos sem-teto, dependentes químicos, crianças e jovens em situação de risco.

Após ouvir o meu pedido de orientação, Mário foi imediatamente verificar o que estava acontecendo. E descobriu que não se tratava de um boletim de ocorrência. Na verdade, era um dossiê, iniciado em 2009, pedindo minha condenação, com o intuito de desmoralizar a Campanha Jovem Pan Pela Vida, Contra as Drogas. O autor das denúncias era, Marco Sayão Negri, que se apresentou como integrante do coletivo marcha da maconha, movimento que estava proibido em São Paulo. Ele estava representado pelo escritório do advogado Alberto Zacharias Toron, que, na época, era Secretário-Geral Adjunto do Conselho Federal da OAB e Conselheiro Federal de São Paulo. O criminalista que defendeu os juízes Nicolau dos Santos Neto, em 2001 e João Carlos da Rocha Mattos, em 2003, colocou toda sua equipe para processar a Jovem Pan Pela Vida, Contra as Drogas. Mário descreve a gravidade do processo:

"Tanto Marco Sayão quanto o escritório que o representava queriam condenação e indenização. O coletivo era o responsável pela marcha da maconha, que na época estava proibida em São Paulo pelo Tribunal de Justiça. Mas seu integrante foi à delegacia de Perdizes, na Zona Oeste de São Paulo, abriu inquérito policial contra Jovem Pan Pela Vida, Contra as Drogas, dizendo-se ofendido em sua honra e o inquérito foi aceito. O mais inusitado foi ter que chegar ao Tribunal de Justiça para conseguir liminar e impedir que vocês fossem à delegacia prestarem depoimentos".

Se você, leitor, está achando absurdo tudo isso, imagine como eu me senti a partir da primeira intimação. Sabe do que eu estava sendo acusada? De injúria, que no direito penal significa ofender a honra com pena de detenção ou multa, por ter noticiado no blog de Jovem Pan Pela Vida, Contra as Drogas a proibição pelo Tribunal de Justiça de São Paulo, em 2009, da realização da marcha da maconha no Parque do Ibirapuera, na Zona Sul da cidade. Escrevi:

"Traficantes tentaram, pela segunda vez neste mês, invadir o Parque do Ibirapuera, em São Paulo. Planejavam a marcha da maconha em pleno domingo, 31 de maio. Mas a Justiça foi mais rápida. E proibiu novamente a marcha em São Paulo". Texto que publiquei no Blog da Campanha no site da Jovem Pan, que tem origem e responsáveis conhecidos. Já o site da Marcha da Maconha naquela data tinha hospedagem em Cingapura, onde os responsáveis não são revelados, constatou o Ministério Público de São Paulo.

Passei, então, a me sentir como o personagem do romance O Processo, de Franz Kafka. Um dia, ele acorda e passa a enfrentar longa e incompreensível ação. Apesar de maconha ser droga proibida pela lei federal 11.343/2006, Marco Sayão Magri e o escritório que o representava haviam entrado com dez recursos na Justiça contra a campanha entre 2010 e 2011.

Mas ter o Mário do nosso lado era uma grande vitória e os nossos adversários conheciam a competência excepcional desse criminalista, homenageado na Europa pela Universidade da Croácia, em 1992, e também pelos presidentes da OAB em várias cidades de São Paulo, como Sorocaba, Lorena, Vinhedo, Mirandópolis, São José dos Campos entre tantas outras em razão dos relevantes serviços prestados à sociedade, à advocacia, em defesa dos advogados e por ser um dos mais conceituados criminalistas do país.

Exemplo de sua luta incansável já estava no primeiro Habeas-Corpus, impedindo que fôssemos depor na delegacia número 23, em Perdizes. Mário entrou com recursos na quinta, na sexta-feira, no sábado e no domingo, 12, 13, 14 e 15 de agosto de 2010 ao Tribunal de Justiça, ao Colégio Recursal e ao plantão do Tribunal até obter o *Habeas Corpus* impedindo nossa ida à delegacia na segunda-feira seguinte, 16 de agosto.

Meu sentimento era como se um tsunami tivesse varrido meus sonhos. Arrasada, explicava no domingo ao meu filho André, então com 26 anos, que no dia seguinte, eu teria de ir a uma delegacia. Eu me sentia deprimida ao preocupar também André, a quem sempre procurei ensinar o cumprimento das leis. Essa conversa difícil com ele estava começando quando o meu celular tocou. Mário comemorava, naquele início de manhã de domingo, 15 de agosto, do outro lado da linha:

"Izilda Alves, concedido o *Habeas Corpus*! Vocês NÃO terão de ir à delegacia para depoimento amanhã, Izilda"!

Suas palavras eram tão fortes que pareciam estar tirando um container de minhas costas. Para obter esta vitória, Mário havia convocado todo o seu escritório para nos representar, pedindo a concessão do *Habeas Corpus* ao Tribunal de Justiça de São Paulo para trancar o inquérito policial. "O crime de injúria reclamado por Marco Sayão Negri, se dizendo vítima, beira as raias do absurdo. Invade, sem cerimônia, o parâmetro de entendimento mediano, daquilo que se convencionou chamar, de inversão de valores", escreveram Mário e os advogados de seu escritório, que trabalhavam no caso, Mauro Otávio Nacif, Edson Luiz Silvestrin Filho, Ricardo Calil Haddad Atala e Bárbara Biondi de Oliveira Silvestrin. E ganhamos!

Avisei imediatamente ao Diretor de Redação, José Carlos Pereira. Na manhã da segunda-feira, 16 de agosto, Mário anunciava em entrevista ao Jornal da Manhã, principal programa jornalístico da Jovem Pan, a primeira vitória da Campanha contra a marcha da maconha.

A reação do inimigo foi imediata. Ligações à redação da Jovem Pan, aos gritos, diziam que iriam, sim, me ver, na delegacia em breve. Em entrevistas aos sites jornalísticos mais conhecidos como Terra e Conjur, o representante do coletivo da maconha, que por sinal era proibido, declarava: "Não somos anônimos nem praticamos qualquer crime. A injúria cometida pela jornalista causou uma série de danos aos promotores da marcha da maconha em São Paulo." Como coordenadora da Campanha Contra as Drogas, tive com esta declaração e com o processo a dimensão da força do que estávamos fazendo.

Mas a pressão continuou. Começavam a surgir intimações por oficiais de Justiça. Eram praticamente semanais, durante todo o ano de 2010 e se estendeu até março de 2011.

Mário sempre me comunicava e agia. No meio disso tudo, eu já estava tomando antidepressivo porque não conseguia compreender o absurdo daquela ação que, na verdade, tinha como objetivo acabar com a Campanha e com a minha carreira. Eu já não dormia e sempre, no dia seguinte, tinha de continuar à frente de Jovem Pan Pela Vida, Contra as Drogas.

Não me esqueço quando fui pela primeira vez a casa de Mário, no Morumbi, Zona Sul de São Paulo, num domingo de setembro, à noite. Eu estava desesperada porque os recursos não paravam. Eu temia pelo meu futuro profissional, pela ameaça de uma prisão e o que seria do meu filho.

Ele estava se restabelecendo de uma cirurgia mas aceitou me receber. Descrevi a Mário meus medos. Paciente, solidário e acolhedor, ele imediatamente ligou ao José Carlos Pereira, ratificando que continuava a lutar pela Campanha e que o processo era tão absurdo que, sem dúvida, iria ganhar. Mandou também na manhã seguinte carta tranquilizando a direção da Jovem Pan. Foi assim que passei a aprender como Mário age nos momentos de crise, com soluções surpreendentes, emocionantes, inesquecíveis.

Tive longas conversas com ele durante o processo. Conversas que fortaleceram a minha crença de que a vitória estaria cada vez mais próxima. A cada telefonema, ficava mais fácil enfrentar o dia seguinte. A nossa Campanha continuava. Meus adversários perdiam mas não desistiam. O processo foi para o Supremo Tribunal Federal, em Brasília, para a turma do ministro Gilmar Mendes, que o devolveu ao Superior Tribunal de Justiça. Esse, por sua vez, declarou que a competência era de São Paulo, retornando, portanto, o processo para o Tribunal de Justiça paulista.

Haja coração! Mas quem tem um advogado como Mário de Oliveira Filho nunca sai derrotado. A vitória é sempre alcançada pelo paulistano, filho do criminalista Mário de Oliveira e que aprendeu com o pai nunca desistir e sempre fazer cumprir a lei. Foi o que fez ao restabelecer a lei em favor de Jovem Pan Pela Vida, Contra as Drogas.

A vitória definitiva veio em 3 de março de 2011. O juiz José Zoega Coelho, então titular do juizado Especial Criminal do Tribunal de Justiça de São Paulo, determinou trancar o inquérito por falta de justa causa.

Em 10 de dezembro de 2012, participei de evento na Ordem dos Advogados do Brasil de São Paulo. Fui convidada pelo advogado Norberto da Silva Gomes para descrever esta vitória da Campanha. Pedi ao Mário para expor à plateia de advogados toda a pressão que sofremos do coletivo da maconha, representado pelo conceituado advogado criminalista Alberto Toron. Mário foi aplaudido de pé.

Marcos da Costa, que havia vencido as eleições e o concorrente Alberto Zacharias Toron, criou uma comissão antidrogas, logo ao assumir. O presidente da Comissão foi o criminalista Cid Vieira de Souza Filho. Marcos elegeu-se no final de 2015 para mais três anos à frente da Ordem dos Advogados do Brasil, seção São Paulo.

Com um largo e contagiante sorriso, ensina o mestre Mário de Oliveira Filho:

"Se os bons ficam quietos, os maus vencem. Droga não presta. Portanto, o bem tem que vencer o mal".

▲ MÁRIO DE OLIVEIRA FILHO
O perfil de um homem do bem

capítulo 8

General Solitário

"**Q**uando a soberba cresce, é que se inicia a queda, principalmente, quando se está lidando com a vida dos outros", ensina o criminalista que faz tremer adversários. Desde 1980, Mário de Oliveira Filho coleciona vitórias nos tribunais de São Paulo, no Superior Tribunal de Justiça e no Supremo Tribunal Federal. *Habeas-Corpus*, recursos, defesas e vitórias sucessivas na Justiça marcam os dias deste homem, que completou 63 anos em 3 de outubro de 2015 e brinca com a idade: "63 num corpinho de 40". Magro com estatura mediana, aparenta, de fato, ser mais jovem.

Sua rotina inclui treinar karatê e frequentar academia três vezes por semana, leitura da Bíblia e livros de Direito, romances, mas, tem uma predileção especial pelo livro A República de Platão, uma longa coleção de 10 volumes. Tem dois filhos, o publicitário Marcello e a advogada Bárbara, casada com seu sócio, Edson Silvestrin. Bárbara e Edson já são pais de Dudu, nascido em abril de 2015, seu primeiro neto.

Na sala onde estamos, numa tarde ensolarada de janeiro de 2016, há duas grandes mesas de madeira. Numa delas, processo a ser discutido com os advogados de seu escritório; a outra traz a revelação mais importante de sua vida pessoal. Um retrato. Na foto em preto e branco, a esposa por 37 anos, a inesquecivelmente bela Sônia Biondi, que morreu de mieloma múltiplo, o chamado "cupim dos ossos", em abril de 2015.

"Para mim, foi um presente de Deus conviver com esta mulher excepcional que me mostrou todos os dias de nossos 37 anos juntos o valor da alegria na vida, o valor do otimismo e como é importante viver cada dia da melhor maneira possível" diz, emocionado.

"Esta era a minha Sônia. Não tinha tempo ruim com a Sônia. Fui fiel no sentimento, na cumplicidade, no amor, fui companheiro, amigo até o fim. Tenho saudade muito forte mas estou cumprindo o que a minha querida Sônia me pediu: quando eu morrer, dizia ela, não chorem por mim."

O amplo escritório é protegido por porta de vidro que tem em destaque o seu nome desenhado. Fica no centro histórico de São Paulo, na Praça Antônio Prado. E nada no escritório revela a fama deste criminalista, que no Google aparece em fotos e reportagens sobre suas vitórias sucessivas nos tribunais. No escritório, centenas de reportagens de revistas e jornais estão em arquivo com cartas e homenagens de presidentes de subseções da OAB em São Paulo pela sua defesa da advocacia. Profissão que escolheu por influência do pai, o também criminalista Mário de Oliveira:

"Meu pai foi a luz-guia de tudo. Não tinha como seguir outra profissão. Eu respirava direito criminal em casa, cresci ouvindo direito criminal. Delegados, promotores e desembargadores visitavam meu pai. Desde os sete anos, ouvia essas conversas. Além disso, meu pai apresentava reportagens policiais e, lógico, eu acompanhava todas pelo rádio. Imagine! Se eu fosse dentista, ia querer prender a cárie!"

No tempo da ditadura, o pai de Mário foi torturado e ficou preso, durante sete anos.

"Meu pai foi pendurado no pau de arara. Quando ele saiu, ia ao enterro de cada um dos seus torturadores. Chegava bem próximo do caixão e baixava a cabeça como se fosse beijar o morto. Mas, na verdade, cuspia no seu rosto, murmurando vai arder no fogo do inferno!"

Mário de Oliveira sempre lutou para reparar injustiças. Morreu em 12 de agosto de 2013 e o seu filho assumiu o papel de sucessor nessa busca incansável. Missão delicada e difícil que exige, além do conhecimento das leis, ser capaz de ler nas entrelinhas, nos gestos, nos olhares, motivações e mentiras:

"Advogado criminal não defende o crime. Defende uma pessoa acusada de crime. A lei dá aos advogados os limites da defesa, ética e limite de atuação. Ninguém tomou vacina para não virar réu. Matar alguém num acidente ou em legítima defesa envolve um processo criminal, que dá ao acusado todos os direitos e penas previstos em lei. E atualmente os crimes financeiros alcançam indistintamente as pessoas. No escritório, mais de 80% dos casos são de crimes financeiros."

Já passaram pela sala de Mário, ex-secretários de governo acusados de corrupção, executivos julgados no mensalão e na Lava Jato, ministra acusada de corrupção e acusados de assassinatos. Todos entrevistados por Mário sem nenhum outro advogado ou segurança presentes. Qual o caso mais importante?

"O caso mais importante é sempre aquele que está no dia do julgamento. Sempre gosto de conversar sozinho com o acusado. É interessante: o homicida se abre, expõe as entranhas, conta as histórias de sua vida, infância, juventude, fase adulta, circunstâncias, detalhes, porque teve que matar. Já o executivo é mais meticuloso, alguns são frios, distante como se estivessem fazendo negócio com você, que vai defender a vida dele. Cada um é cada um, com suas histórias, suas verdades e seus segredos."

Entre os casos mais marcantes de sua carreira está a defesa de Iraídes Domingues Vieira, o primeiro caso no Brasil de mulher a esquartejar o marido. Em 1983, ela matou o marido, esquartejou o corpo, com auxílio do filho, e colocou os pedaços em três malas, que atirou no córrego Pirajussara, próximo a Itapecerica da Serra. Ela confessou o crime e justificou: o marido era alcoólatra, extremamente violento e na noite do crime havia ameaçado de morte ela e o filho. O marido dormiu com um facão sob o travesseiro. Antes, ela havia apanhado do marido em seu local de trabalho. Marido que também marcou seus braços, queimando com o ferro de passar roupa. Além de tudo isso, tinha quebrado o braço do filho. Mário inocentou Iraídes dos três crimes de que era acusada - assassinato, ocultação de cadáver e corrupção do filho menor de idade:

"Foi absolvida por cinco votos a dois, anulando todas as acusações."

O julgamento durou quatro dias e tinha que ter senha para assistir. Um julgamento que parou São Paulo.

"Iraídes pediu várias vezes proteção à polícia mas nunca recebeu, confirmou o Ministério Público. O marido era informante da polícia e era convocado pelo delegado do bairro para espancar presos. Quando as vítimas denunciavam o espancamento eram colocados os policiais da delegacia para reconhecimento e nenhum era identificado."

Mário foi também o único criminalista a vencer, em 28 de novembro de 2002, ação contra Niceia Pitta, ex-mulher do prefeito Celso Pitta. Niceia fez várias denúncias de corrupção contra o ex-marido:

"Ela foi condenada a quatro meses de detenção em regime aberto por acusações ao ex-secretário de Esportes Fausto Camunha de integrar sistema de corrupção na Prefeitura. A pena foi convertida em multa determinada pelo Tribunal de Alçada Criminal no valor de 40 cestas básicas para instituição pública ou privada de amparo à criança, à juventude ou à velhice."

Outra expressiva vitória de Mário de Oliveira Filho, acompanhado do então jovem advogado Sidney Gonçalves. Ele absolveu o ex-goleiro Edson Cholbi, o Edinho, filho de Pelé, da acusação de homicídio do aposentado Pedro Simões Neto durante racha de trânsito em 1992.

No mensalão, Mário foi o advogado de Henrique Pizzolatto, diretor do Banco do Brasil que fugiu para a Itália.

Em 26 de outubro de 2010, Mário apareceu na principal foto do jornal O Globo como o advogado de defesa da ex-ministra da Casa Civil, Erenice Guerra, acusada de corrupção e tráfico de influência.

"Um ano e nove meses depois do início das investigações, o intenso e profundo trabalho desenvolvido pela defesa de Mário, ainda no inquérito policial federal, levou o juiz a acatar a recomendação do Ministério Público Federal em consonância com a pretensão da defesa, e decidiu arquivar o inquérito que apurava denúncias de corrupção e tráfico de influência na Casa Civil, durante a gestão da ex-ministra Erenice Guerra. Nada de substancial foi encontrado e o caso foi arquivado em 25 de julho de 2012."

Mário é advogado de defesa de acusados nas operações da Polícia Federal, que investigam corrupção no país. Foi o defensor de Fernando Baiano, o lobista do PMDB, mas se retirou do caso quando ele preferiu se entregar à Polícia Federal em Curitiba, no final de 2015.

De 2007 a 2009 foi o Coordenador da Comissão de Direitos Humanos na OAB/SP. Foi diretor da Escola de Advocacia Criminal do Estado de São Paulo, presidente da ACRIMESP - Associação dos Advogados Criminalistas do Estado de São Paulo. Foi presidente por três anos da Comissão de Direitos e Prerrogativas, quando manteve de 2004 a 2006 a temida lista negra da advocacia, com nomes de mais de 180 personalidades condenadas internamente pela entidade por violar prerrogativas de advogados e que, pedissem sua inscrição na Ordem para exercer a advocacia, teriam o pedido negado. "A autoridade que nunca respeitou o advogado não pode ao se aposentar participar dos quadros da advocacia."

O homem que diariamente assiste ao sofrimento humano, viveu em 2007 um dos maiores pesadelos de sua vida: o primeiro diagnóstico do câncer da esposa, anunciado por um médico impiedoso que não respeitou aquele momento doloroso do casal, que chorava em seu consultório. Cruel ao dizer: "Ela tem somente três meses de vida."

Palavras de esperança vieram do Pastor Cristão Evangélico Pedro Santana, que Mário e Sônia conheceram em culto em Alphaville, próximo a São Paulo, por indicação de um amigo.

"O Pastor Pedro afirmou naquele culto, logo após o diagnóstico de Sônia, na frente de centenas de pessoas, que ela iria sobreviver, por mais tempo, à sentença do médico, mas seria submetida a difícil tratamento. E viveu por mais oito anos."

O pastor virou amigo e conselheiro do casal, que durante oito anos, promoveu cultos celebrados por Pedro na ampla e confortável casa da família no Morumbi, na Zona Sul de São Paulo, reunindo em cada evento de 70 a 250 pessoas.

"Durante oito anos, Sônia foi mais forte que o câncer. Uma vida intensa de alegria. Não tinha tempo ruim com a Sônia. Tudo que ela me pedia eu realizava. Ela queria ver o filho formado, ela dançou a valsa com ele na formatura. Ela viu nosso neto nascer."

O casal estava em sua casa na Flórida, quando Sônia começou a ter dores causadas pelo tumor maligno, o mieloma múltiplo.

"O mieloma múltiplo é doença maligna incurável, com origem na medula óssea e que se caracteriza pela proliferação excessiva de níveis elevados de anticorpos, proteínas, comprometendo o funcionamento da medula óssea, prejudicando principalmente ossos e rins. Quando eu contava aos médicos americanos o tipo de câncer da Sônia, eles não acreditavam que ela estivesse viva por tanto tempo."

Voltar ao Brasil foi um pesadelo porque Mário não encontrou nenhum voo em que Sônia pudesse vir deitada. Ficou internada por três meses no Hospital Alemão Oswaldo Cruz, em São Paulo. Mas o câncer vinha tomando seu corpo. Em 20 de abril de 2015, foi procurado pelo pastor Pedro, que o preparou para o momento mais difícil de sua vida:

"O Senhor vai recolher a nossa Sônia, Mário – me disse o pastor –. Eu chorei amargamente. Eu queria que ele tivesse errado. Eu pedia para Deus tocar o pastor Pedro para ele me dizer: eu errei. Mas Sônia morreu naquele domingo. Como ensina a Bíblia, tudo no mundo tem o seu tempo, tempo de nascer de morrer. Eu creio na ressurreição da vida eterna. E, aqui, a vida tem que continuar. Por isso vou ficar nesta casa, minha e da Sônia, porque o meu amor pela minha esposa é imorredouro."

Agora, depois de tudo o que aconteceu, os cultos continuam às segundas-feiras à noite na casa de Mário.

"Eu perdi minha esposa. Mas ganhei uma nova família. Como ensina a Bíblia, 'amai ao próximo como a ti mesmo', um exercício diário de humildade."

Ensinamento do homem que gosta de ajudar o próximo e que repete:

"Viver é tornar os outros felizes."

▲ PAI DESCREVE A DOR DE PERDER UM FILHO AOS 18 ANOS

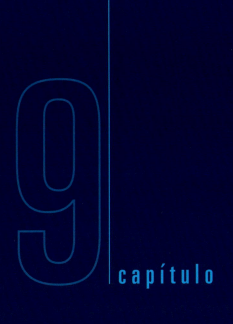

capítulo 9

Vinícius, Retrato de uma Dor Sem Fim

"Quero ajudar os drogados, pai, porque 90% dos meus amigos usam drogas" – disse o adolescente de 17 anos na porta da clínica Reviva, em São Paulo.

Era a primeira vez, em três semanas, que saía à rua. Acabava de ter alta de internação por dependência de maconha onde demorou exatos 21 dias para entender que tinha uma doença grave, causada pela maconha. Naquele momento, abraçado ao pai e à mãe, ele começava a ter noção do sofrimento que causou com sua dependência, que o distanciou da família, dos estudos e dos valores. O rapaz de 1m75, magro, cabelo preto cortado, rosto corado, de jeans, camiseta e tênis, abraçava o pai e repetia:

"Quero ter argumentos para mostrar com meu exemplo que é possível a recuperação. Quero me dedicar 100% ao combate das drogas."

Feliz, o pai, empresário Albino Souza, sorria e incentivava o filho a colocar em prática seu desejo.

E Vinícius foi à luta. Começou trocando a Faculdade de Administração pela de Psicologia. Passou a ler tudo sobre dependência. Em 2004, participava de Jovem Pan Pela Vida, Contra as Drogas contando sua história e recuperação. "A Campanha da Jovem Pan foi um marco extraordinário" define o empresário Albino Souza, pai de Vinícius:

"Meu filho se sentia privilegiado por participar da Campanha da Jovem Pan. A Campanha foi o auge. Ele dizia isso e se orgulhava muito por falar aos adolescentes. Feliz, repetia: A Jovem Pan está me dando oportunidade de falar com os adolescentes!"

Após uma apresentação na Fundação Bradesco, Vinícius voltou encantado. O pai também ouviu a palestra e ficou emocionado ao ouvir da voz do filho:

"Pude mostrar que é possível vencer as drogas. As drogas não têm a força de derrotar."

Frase que ele repetia, mostrando que não era só um dependente em recuperação, quando contava sua história aos jovens. Ele sentia que os estudantes ouviam com muita atenção por estarem diante de um exemplo vivo. Estava alcançando as pessoas.

"Se de cada 100 pessoas, 10 param de usar, eu sou vitorioso" comemorava rindo.

Nas palestras, Vinícius contava que experimentou maconha aos 12 anos com um primo.

"Esse primo me dizia que maconha não pegava nada, que ele controlava."

Após um ano, os pais começaram a perceber mudanças no seu comportamento. Na escola, as notas baixaram, mudou de turma e não prestava mais atenção nas aulas. Em casa, ficava trancado no quarto e acendia incenso. Foi perdendo peso. E adquiriu diabetes tipo 1, conta seu pai:

"Uma doença gravíssima na adolescência. Há uma correlação entre maconha e diabetes, disseram médicos no Hospital Albert Einstein, onde foi feito o diagnóstico. O diabetes tipo 1 ocorre quando o pâncreas para de produzir insulina, porque é atacado por um fenômeno que destrói as células beta, responsáveis pela produção e liberação da insulina, hormônio que regula os níveis de glicose no sangue. A entrada da glicose nas células é transformada em energia. O impacto foi violento com o uso de maconha. Em seis meses, de 77 quilos foi para 50 quilos. Eu comecei a ficar atrás dele, a seguir os passos dele e nesta sequência de acompanhamento, descobri que ele estava usando maconha. Mentia o tempo inteiro. Nós já sabíamos, mas não tínhamos a prova. Flagrei ele bastante alterado. A partir desse momento, mudamos completamente o comportamento com ele. Temos uma casa de campo, onde tinha liberdade para sair. Cortamos. Proibimos ele de sair, mudamos a rotina dele. Procuramos ajuda de especialistas."

Foi o psicoterapeuta Paulo Campos dias Dias que atendeu o caso. Albino continua:

"Ele nos descreveu toda a trajetória do Vinícius e o que ele disse foi confirmado pelo meu filho. Indicou internação de três semanas na Clínica Reviva, com acompanhante para tratamento intensivo: palestras, disciplina, sem remédios, orientações e tudo sobre drogas. Minha esposa, Solange, se internou junto. Ele foi convencido de que ia passar umas férias, ia enganar todo mundo. Na cabeça dele não tinha problema nenhum usar maconha. Ele acreditava que tinha controle."

Mãe e filho ficaram internados no Reviva por 15 dias. Mas Vinícius não melhorava, conta Albino:

"Ele continuava mentindo. Uma semana de internação e ele não evoluía. Minha mulher estava preocupada também porque ele tinha diabetes, tinha que ter controle rigoroso. Dependia da insulina artificial. Assistia às palestras, debatia, contestava. Faltando três dias para terminar a internação, Diamantina, diretora da Clínica, me ligou e disse que meu filho não evoluía absolutamente nada, continuava manipulando, debochando nas palestras. Era muito inteligente, conseguia envolver as pessoas. Desesperado, eu via que aquela era a única chance. Conversando com o Paulo por celular, ele me disse que o Vinícius precisava compreender o que é a maconha."

Um dia antes de terminar a internação, o pai recebeu uma ligação descrevendo um milagre:

"Faltando um dia para terminar a internação, a Diamantina me ligou dizendo que tinha uma boa notícia. Vinícius mudou repentinamente, fato inédito pra gente, uma coisa divina. Minha mulher disse que ficou rezando a noite inteira na capela da clínica, pedindo a ajuda de Deus. E ele mudou completamente. Saiu de lá outra pessoa, com outra mentalidade. Fomos para a segunda etapa. O Reviva reúne um grupo de internação para reuniões no ambulatório em São Paulo. E o Vinícius contou toda a história dele, até o que eu não sabia. Quase colocou o irmão Henrique nas drogas. Se não tivesse sido internado, ele ofereceria também ao irmão e a minha vida e a da minha mulher viraria um inferno."

Após a internação, a mudança do filho surpreendeu os pais. Vinícius já não usava mais maconha e cuidava de seu diabetes.

"Maconha e o diabetes juntos são dinamite. Meu filho começou a se cuidar e a estudar tudo. Ele se apegou muito a Deus. Passou a ler a Bíblia e estudar todos os personagens bíblicos. Desenvolveu sabedoria. Dizia coisas impactantes. Dedicou a vida dele a ajudar dependentes até o dia em que morreu. Sete de julho de 2005. Tinha 18 anos. Voltava do aniversário de um amigo, chovia, perdeu a direção, bateu um poste e morreu na hora. Estava próximo de casa, na avenida Santa Inês, na Zona Norte de São Paulo."

Perder um filho de 18 anos! Não há dor maior para os pais.

Onze anos depois, Albino revela ser ainda difícil aceitar a morte do filho:

"Ele teve o pressentimento de que ia morrer. Encontramos nos seus papéis uma oração, que ele não datou, mas em que se despedia. Escreveu: 'Senhor, em suas mãos entrego o meu espírito.' Três dias antes dele morrer, era um domingo, procurou um padre, que conhecia nossa família, e pediu a extrema-unção. Levou o padre Arnaldo até a praça onde ele usou droga pela primeira vez. Ajoelharam-se, rezaram e Vinícius fez uma longa confissão. Em seguida, recebeu a extrema-unção, sacramento que prepara para a morte.

Seis meses após a morte, Vinícius apareceu no sonho do pai:

"Ele cantou pra mim no sonho. Ele apareceu, sentou do meu lado, pegou um violão e tocou uma melodia pra mim. Foi tão forte que quando acordei copiei toda a letra que descrevia a trajetória de Cristo na Terra. Pedi, então, para o pastor Ronaldo Arco, da minha igreja adventista gravar. A canção está no Youtube. Em meu sonho, Vinícius cantava: Esta é a proposta que Ele nos deixou: viver só por hoje, foi o que Deus mandou. Amar ao semelhante foi o que praticou. Esse seu exemplo ficou para todos nós."

INSTITUTO JOVEM PAN

Escolas e Instituições onde a Campanha foi Apresentada

174 | GUERRA PELA VIDA ■ A Campanha da Jovem Pan Contra as Drogas

1 22º Quartel do Exército, em Quitaúna, em Osasco

2 Academia Gold' Gyn, no Morumbi, Zona Sul, SP

3 Ação Comunitária Campo Limpo, Campo Limpo, SP

4 Ação Comunitária São Benedito, no Jabaquara, Zona Sul, SP

Colégio paralelo

5. Ação Comunitária, Jaguaré, SP

6. ACITA-Associação Comercial Industrial, em Itapevi, SP

7. Agro Química Maringá, em Diadema, SP

8. Alphaville Residencial 10, Santana de Parnaíba, SP

9. Alphaville Residencial 12, Santana de Parnaíba, SP

10. Amor Exigente de Osasco, SP

11. Amor Exigente em Suzano, SP

12. Amparo Maternal, na Vila Clementino, Zona Sul, SP

13. Anglo São Roque, SP

14. Apresentação Especial no Anhembi na Zona Norte, SP

15. Arena Corinthians, em Itaquera, Zona Leste, SP

16. Arsenal de Guerra de SP, em Barueri

17. Associação Acorde Oficina para Desenvolvimento Humano, no Embu das Artes, SP

18. Associação Amigos em Cristo, Parque São Lucas, Zona Leste, SP

19. Associação Amigos em Cristo, SP

20 Associação Beneficente no Cambuci, região central, SP

21 Associação Desportiva Bradesco, em Osasco, SP

22 Associação dos Advgados da Caixa Econômica no centro de SP

23 Associação dos Deficientes Visuais e Amigos da Escola Estadual Lasar Segall, SP

24 Associação dos Deficientes Visuais e Amigos, na Vila Mariana, Zona Sul de SP

25 Associação Paralelo Parnasiana, Santo Amaro, Zona Sul

26 Associação Unidos do Mirante da Mata em Cotia, SP

27 CAAP - Assistência Social ao Adolescente, SP

28 Câmara dos Vereadores de Embu das Artes, SP

29 Câmara Municipal de Santana de Parnaíba, SP

30 Câmara Municipal de São Paulo

31 Casa Lions de Santo André, SP

32 Casa Santa Luzia, Jardim Paulista, SP

33 CDHU, no centro, SP

34 CECAP, Guarulhos, SP

Capítulo 10 — Escolas e Instituições onde a Campanha foi Apresentada

35 Centro Comunitário Butantã, SP

36 Centro Comunitário Jardim Autódromo, SP

37 Centro Comunitário Jardim Autódromo, Zona Sul de SP

38 Centro de Acolhida São Mateus, na Zona Leste de SP

39 Centro de Educação e Cultura Francisco Carlos Moriconi, Suzano, SP

40 Centro de Ensino São José, no Butantã, Zona Oeste de SP

41 Centro de Ensino São José, no Jardim Bonfiglioli, Zona Oeste de SP

42 Centro de Treinamento Pão de Açúcar, Morumbi, Zona Sul de SP

43 Centro Edna Frei Luis, SP

44 Centro Educacional Sal da Terra, em Taboão da Serra, SP

45 Centro Espírita O Consolador, em Santo André, SP

46 Centro Espírita O Semeador, na Fazendinha , em Santana de Parnaíba, SP

47 Centro Espirita União e Fraternidade no Parque Peruche, SP

48 Centro Esportivo Cidade dos Meninos, Santo André, SP

49 Centro Federal de Educação Tecnológico de SP, no Canindé, região central de SP

50 Certus – Colégio e Faculdade, Interlagos, Zona Sul de SP

51 CETEC, Jabaquara, SP

Capítulo 10 — Escolas e Instituições onde a Campanha foi Apresentada | 179

52 CEU Jardim Otawa, SP

53 CIC – Centro de Integração da Cidadania - Oeste, em Taipas, SP

54 Cidade El Shadai Centro Educacional, em Santo André, SP

55 Clube Monte Líbano, no Ibirapuera, Zona Sul de SP

56 Clube Tietê, na Zona Norte de SP

57 Clube Paineiras do Morumbi, Zona Sul de SP

58 Clube Ypiranga, no Ipiranga, Zona Sul de SP

59 COHAB 5, Carapicuíba, SP

60 Colégio 14 de Julho, Vila Nova Cachoeirinha, Zona Norte, SP

61 Colégio 24 de Março, em São Bernardo do Campo, SP

62 Colégio Ábaco, São Bernardo do Campo, SP

63 Colégio Abelardo, Santana de Parnaiba, SP

64 Colégio Adventista da Liberdade, região central de SP

65 Colégio Adventista da Vila Yara, em Osasco, SP

66 Colégio Adventista de Campo Limpo, na Zona Sul de SP

67 Colégio Adventista de Diadema, SP

68 Colégio Adventista de Jardim Utinga, em Santo André, SP

69 Colégio Adventista de Santo Amaro, na Zona Sul de SP

70 Colégio Adventista de São Caetano do Sul, SP

71 Colégio Adventista do Brooklin, Zona Sul de SP

72 Colégio Adventista do Tucuruvi, na Zona Norte de SP

73 Colégio Adventista Ellen White, em Capão Redondo, Zona Sul de SP

74 Colégio Adventista em Taboão da Serra, SP

75. Colégio Adventista Jd Utinga, Brooklin, SP

76. Colégio Albert Einstein Osasco, Osasco, SP

77. Colégio Albert Sabin, SP

78. Colégio Alcance, em Interlagos, Zona Sul de SP

79. Colégio Almeida Gasparin, em Guarulhos, SP

80. Colégio Alvorecer, Pompéia, Zona Oeste de SP

81. Colégio Amorim, Vila Guilherme, SP

82. Colégio Ana Aparecida Santana, em Santana de Parnaíba, SP

83. Colégio Ana Santana, São Pedro, Santana de Parnaíba, SP

84. Colégio André Domingues, Tatuapé, SP

85. Colégio Angélica, Lapa, Zona Oeste, SP

86. Colégio Anglo Leonardo da Vinci, Osasco, SP

87. Colégio Anglo-Brasileiro, Vila Mariana, Zona Sul, SP

88. Colégio Anhembi-Morumbi, no Brooklin, Zona Sul, SP

89. Colégio Arbos em São Caetano do Sul, SP

90. Colégio Arbos, em Santo André, SP

91 Colégio Arbos, em São Bernardo do Campo, SP

Psicóloga Elza Lopes

92 Colégio Arbos, em São Caetano do Sul, SP

93 Colégio Arcádia, Saúde, SP

94 Colégio Archiclínio Santos, Parque Industrial, SP

95 Colégio Aruã, SP

96 Colégio Ary Barroso, SP

97 Colégio Ascendino Reis, Tatuapé, Zona Leste, SP

98 Colégio Ateneu São Caetano do Sul, SP

99 Colégio Augusto Laranja, em Moema, Zona Sul, SP

100 Colégio Bandeirantes, Vila Mariana, SP

101 Colégio Barão de Mauá, Jardim Pilar, Mauá, SP

102 Colégio Beka, em Itaberaba, Zona Norte de SP

103 Colégio Beka, Freguesia do Ó, Zona Norte de SP

104 Colégio Bialik, Zona Oeste, SP

105 Colégio Bilac, na Saúde, Zona Sul de SP

106 Colégio Brasil-Canadá, em Perdizes, Zona Oeste de SP

107 Colegio Bruno Bettelheim, Tremembé, SP

108 Colégio Califórnia Jr., no Tatuapé, Zona Leste de SP

109 Colégio Campos Sales, Lapa, Zona Oeste de SP

| Capítulo 10 | Escolas e Instituições onde a Campanha foi Apresentada | 185 |

110 Colégio Carlos Alberto de Siqueira, em Santana de Parnaíba, SP

111 Colégio Carlos Drummond de Andrade, em Diadema, SP

112 Colégio Central Casa Branca, em Santo André, SP

113 Colégio Cermac, no Mandaqui, Zona Norte de SP

114 Colégio Certus, Jardim Colonial, Zona Sul, SP

115 Colégio Cetec, no Jabaquara, Zona Sul

116 Colégio CETEC, no Jabaquara, Zona Sul de SP

117 Colégio Chácara Encantada, Santana de Parnaíba, SP

118 Colégio Chalupe, em Barueri, SP

119 Colégio Chip, em Osasco, SP

120 Colégio Civitatis, Vila Prudente, SP

121 Colégio Colaço, SP

122 Colégio Companhia de Maria, Vila Nova Conceição, SP

123 Colégio Conceição Andrade, SP

124 Colégio Concórdia, Campo Limpo, Zona Sul, SP

Capítulo 10 — Escolas e Instituições onde a Campanha foi Apresentada

125 Colégio Conde Domingos, no Tatuapé, Zona Leste, SP

126 Colégio Cor Jesu, Higienópolis, Zona Oeste, SP

127 Colégio Costa Zavagli, Vila Universitaria, Butantã, SP

128 Colégio CPV, Morumbi, Zona Sul de SP

129 Colégio Criativa, Rua Estevão Baião 765, Campo Belo, Zona Sul, SP

130 Colégio Cristo Rei, Vila Mariana, Zona Sul, SP

131 Colégio da Polícia Militar da Vila Talarico, Zona Leste, SP

132 Colégio da Polícia Militar em Itaquera, Zona Leste, SP

133 Colégio da Polícia Militar, na região central de São Pauo

134 Colégio Dante Alighieri, em Cerqueira César, Jardins, SP

135 Colégio das Américas, na Pompéia, Zona Oeste, SP

136 Colégio Davina Gasparini, no Jardim Bonfiglioli, Zona Oeste, SP

137 Colégio Delta, Santana, Zona Norte, SP

138 Colégio Desafio, em Cotia, SP

139 Colégio Dinâmico, no Parque São Lucas, Zona Leste, SP

140 Colégio Dom Bosco, Mandaqui, Zona Norte, SP

141 Colégio Dominus Vivendi, Vila Mascote, Zona Sul, SP

142 Colégio Dona Celina Costa Machado Silva, Santana de Parnaíba, SP

143 Colégio Doutor Bernardino de Campos, Casa Verde, Zona Norte, SP

144 Colégio Doze de Outubro, Santo Amaro, SP

145 Colégio Eco, Lapa, Zona Oeste, SP

146 Colégio Ego Objetivo, no Jaguaré, Zona Oeste de SP

147 Colégio Eleonora Carbonell, Guarulhos, SP

148 Colégio Elias Zarzur, Parque Alves de Lima, Zona Sul de SP

149 Colégio Elvira Brandão, na Chácara Santo Antônio, Zona Sul de SP, para

150 Colégio EMIC, SP

151 Colégio Emilie de Villeneuve, na Vila Mascote, na Zona Sul de SP

152 Colégio Enio Voss, SP

153 Colégio Estadual Anhanguera, Lapa, Zona Oeste, SP

154 Colégio Estrela Sirius, Zona Norte, SP

155 Colégio ETIP, Santo André, SP

156. Colégio Fernão Dias Pais, Osasco, SP

157. Colégio Fernão Gaivota, Alphaville, Santana de Parnaíba, SP

158. Colégio Floresta, na Ponte Rasa, SP

159. Colégio Franciscano João XXIII, Zona Sul, SP

160. Colégio Futuro, na Vila Ré, Zona Leste, SP

161. Colégio Gênese, Freguesia do Ó, SP

162. Colégio Giordano Bruno, em Cotia, SP

163. Colégio Global, Perdizes, Zona Oeste, SP

164. Colégio Gradual, Santo André, SP

165. Colégio Graphein, Perdizes, Zona Oeste, SP

166. Colégio Guarapiranga, na Zona Sul, SP

167. Colégio Guilherme Dummont Villares, Zona Sul, SP

168. Colégio Haya, Osasco, SP

169. Colégio Hebraico Brasileiro Renascença, Higienópolis, Zona Oeste, SP

170. Colégio Heitor Garcia, na Lapa, Zona Oeste, SP

171. Colégio Henri Wallon, Vila Mariana, SP

172 Colégio Horizontes, em Pinheiros, Zona Oeste, SP

173 Colégio Horizontes/Uirapuru, nos Jardins, em SP

174 Colégio Integração, Ermelino Matarazzo, Zona Leste, SP

175 Colégio Integrado Paulista, Moóca, SP

176 Colégio Internacional ítalo-Brasileiro, em Moema, Zona Sul de SP

177 Colégio Islâmico, Vila Carrão, Zona Leste, SP

178 Colégio Jabaquara, no Planalto Paulista, Zona Sul, SP

179 Colégio Jardim França, Tucuruvi, Zona Norte, SP

180 Colégio Jesus Maria José, Santo Amaro, Zona Sul, SP

181 Colégio Joana D'Arc, no Butantã, Zona Oeste, SP

182 Colégio João Paulo I, Vila Sônia, Zona Oeste, SP

183 Colégio Lectus, Moema, Zona Sul, SP

184 Colégio Liberdade, SP

185 Colégio Lima Guimarães, Cidade Dutra, Zona Sul, SP

186 Colégio Luterano São Paulo, Vila Moinho Velho, SP

187 Colégio Mackenzie, Higienópolis, SP

188 Colégio Mackenzie, Tamboré, SP

189 Colégio Madre Alix, SP

190 Colégio Madre Cabrini, Vila Mariana, SP

191 Colégio Magno, Jardim Marajoara, Zona Sul, SP

192 Colégio Maha Dei, Guarulhos, SP

193 Colégio Margister, Unidade Sabará, Jardim Marajoara, Zona Sul, SP

194 Colégio Maria Imaculada, no Paraíso, Zona Sul, SP

195 Colégio Mário Schenberg, Cotia, SP

196 Colégio Marista Nossa Senhora da Glória, Cambuci, SP

197 Colégio Mater Amabilis, em Guarulhos, SP

198 Colégio Meninópolis, no Morumbi, Zona Sul, SP

199 Colégio Metropolitano de São Paulo, Paraíso, Zona Sul, SP

200 Colégio Miranda, em Pirituba, Zona Norte, SP

201 Colégio Módulo, Lapa, Zona Oeste, SP

202 Colégio Moema, Zona Sul, SP

203 Colégio Monteiro Lobato, Mandaqui, Zona Norte, SP

Capítulo 10 — Escolas e Instituições onde a Campanha foi Apresentada

204 Colégio Montessori Santa Terezinha, Jabaquara, Zona Sul, SP

205 Colégio Municipal Ana Aparecida Sant'Ana, em Santana de Parnaíba, SP

206 Colégio Municipal Aurélio Gianini Teixeira, em Santana de Parnaíba, SP

207 Colégio Municipal Franco Montoro, Santana de Parnaíba, SP

208 Colégio Municipal Maria Fernandes, Santana de Parnaíba, SP

209 Colégio Municipal Padre Anacleto de Camargo, Santana de Parnaíba, SP

210 Colégio Municipal Paulo Otávio Botelho, Santana de Parnaíba, SP

211 Colégio Municipal Professor Imídio Giuseppe Nérice, Santana de Parnaíba, SP

212 Colégio Municipal Professora Leda Caira, Santana de Parnaíba, SP

213 Colégio Municipal Professora Ricarda dos Santos Branco, Santana de Parnaíba, SP

214 Colégio Municipal Reinaldo Ascêncio Santos Ferreira, Santana de Parnaíba, SP

215 Colégio Municipal Ricarda dos Santos Branco, Santana de Parnaíba, SP

216 Colégio Municipal Tenente Gaspar de Godoi Colaço, Santana de Parnaíba, SP

217 Colégio Nossa Senhora de Lourdes, Anália Franco, SP

218 Colégio Nossa Senhora do Carmo, Vila Alpina, SP

219 Colégio Nossa Senhora do Morumbi, Zona Sul, SP

220 Colégio Nossa Senhora do Rosário, Vila Mariana, Zona Sul, SP

221 Colégio Nossa Senhora do Sion, Higienópolis, SP

222 Colégio Nosso Horizonte, Americanópolis, Zona Sul, SP

223 Colégio Notre Dame Rainha dos Apóstolos, Vila Monumento, Zona Sul, SP

224 Colégio Nova Cachoeirinha, Zona Norte, SP

225 Colégio Nova Era, Jardim Vila Carrão, Zona Leste, SP

226 Colégio Nova União, Campo Belo, Zona Sul, SP

227 Colégio Objetivo Monte Kemel, Jardim Kemel, SP

228 Colégio Objetivo Penha, na Zona Leste, SP

229 Colégio Objetivo, no Jaguaré, Zona Oeste, SP

230 Colégio Objetivo, São Caetano, SP

231 Colégio Octagon, Indianópolis, São Paulo, SP

232 Colégio Ofélia Fonseca, Higienópolis, SP

233 Colégio Olivetano, Vila Esperança, Zona Leste, SP

234 Colégio Orlando Garcia, na Freguesia do Ó, Zona Norte, SP

235 Colégio Oswaldo Aranha, Brooklin, Zona Sul, SP

Capítulo 10 — Escolas e Instituições onde a Campanha foi Apresentada | 195

236 Colégio Padre Anacleto, Santana de Parnaíba, SP

237 Colégio Padre Anchieta, Osasco, SP

238 Colégio Padre Giordano, Vila Pereira, SP

239 Colégio Padre Moye, Zona Norte, SP

240 Colégio Pan Terra, SP

241 Colégio Paraíso, em São Bernardo do Campo, SP

242 Colégio Paralelo, em Santo Amaro, Zona Sul, SP

243 Colégio Parque Continental, Guarulhos, SP

244 Colégio Paulista, na Aclimação, Zona Sul, SP

245 Colégio Penha de França, Zona Leste, SP

246 Colégio Pentágono, em Alphaville, SP

| Capítulo 10 | Escolas e Instituições onde a Campanha foi Apresentada | **197** |

247 Colégio Pentágono, Morumbi, Zona Sul, SP

248 Colégio Pentágono, Perdizes, Zona Oeste, SP

249 Colégio Pequenópolis, Brooklin, Zona Sul, SP

250 Colégio Peres, em Osasco, SP

251 Colégio Perspectiva, Capão Redondo, SP

252 Colégio Perspectiva, Vl Fazzeoni, SP

253 Colégio Piaget, Imirim, Zona Norte, SP

254 Colégio Pio XII, Morumbi, Zona Sul, SP

255 Colégio Poliedro, região central de SP

256 Colégio Polilogos, Bom Retiro, SP

257 Colégio Praxis, Granja Julieta, Zona Sul, SP

258 Colégio Pré-Médico, Lapa, Zona Oeste, SP

259 Colégio Presbiteriano, Guarulhos, SP

260 Colégio Pueri Domus, Aldeia da Serra, SP

261 Colégio Pueri Domus, Chácara Santo Antonio, Zona Sul, SP

| Capítulo 10 | Escolas e Instituições onde a Campanha foi Apresentada | 199 |

262 Colégio Pueri Domus, Itaim, Zona Sul, SP

263 Colégio Pueri Domus, Mogi das Cruzes, SP

264 Colégio Puríssimo Coração de Maria, Rio Claro, SP

265 Colégio Radial, Jabaquara, na Zona Sul, SP

266 Colégio Rama, Vila Ré, Zona Leste, SP

267 Colégio Ranieri, Belenzinho, Zona Leste, SP

268 Colégio Regina Mundi, na Vila das Mercês, Zona Sul, SP

269 Colégio Reino do Ensino, Zona Leste, SP

270 Colégio Rio Branco, Granja Viana, SP

271 Colégio Rio Branco, Higienópolis, SP

Psicóloga Ana Parlato

| Capítulo 10 | Escolas e Instituições onde a Campanha foi Apresentada | **201** |

272 Colégio SAA, em Santana, Zona Norte, SP

273 Colégio Sagrado Coração de Jesus, Pompéia, Zona Oeste, SP

274 Colégio Salete, Santana, Zona Norte de SP

275 Colégio Salgueiro, Interlagos, Zona Sul, SP

276 Colégio Santa Amália, Jabaquara, Zona Sul, SP

277 Colégio Santa Amália, Tatuapé, Zona Leste e Saúde, Zona Sul, SP

278 Colégio Santa Catarina, Moóca, SP

279 Colégio Santa Clara, Vila Madalena, Zona Oeste, SP

280 Colégio Santa Estevam, SP

281 Colégio Santa Helena, Cursino, SP

282 Colégio Santa Helena, Vila Gumercindo, Zona Sul, SP

283 Colégio Santa Maria, Jardim Taquaral, Zona Sul, SP

Professor Armando Capeleto

284 Colégio Santa Terezinha, Zona Norte, SP

285 Colégio Santana, Santana, Zona Norte, SP

286 Colégio Santo Américo, Morumbi, Zona Sul, SP

287 Colégio Santo Antonio de Lisboa, Tatuapé, SP

288 Colégio Santo Inácio, Vila Mariana, SP

289 Colégio Santo Ivo, na Lapa, Zona Oeste, SP

290 Colégio Santo Ivo, Vila Leopoldina, SP

291 Colégio São Domingos Sávio, Taboão da Serra, SP

292 Colégio São Francisco Xavier, Ipiranga, SP

293 Colégio São Gabriel, em Osasco, SP

294 Colégio São João, SP

295 Colégio São José dos Padres de Sion, Ipiranga, Zona Sul, SP

296 Colégio São José, em São Bernardo do Campo, SP

297 Colégio São Judas Tadeu, na Moóca, Zona Leste, SP

298 Colégio São Luís, em Cerqueira César, Jardins, SP

299 Colégio São Sabas, Jardim Prudência, Zona Sul, SP

300 Colégio São Vicente de Paulo, Capão Redondo, Zona Sul, SP

301 Colégio São Vicente de Paulo, Penha, Zona Leste, SP

302 Colégio Sérgio Buarque de Holanda, Granja Julieta, SP

303 Colégio Singular de Santo André, SP

304 Colégio Singular de São Bernardo do Campo, SP

305 Colégio Singular de São Caetano, SP

306 Colégio Singular Júnior, São Bernardo do Campo, SP

307 Colégio Smaville, Jardim Santa Margarida, Zona Sul, SP

308 Colégio Solução, Jardim Eliane, Zona Sul, SP

309 Colégio Soter, Vila Formosa, Zona Leste, SP

310 Colégio Status Objetivo, Carapicuíba, SP

311 Colégio Stela Rodrigues, na Freguesia do Ó, Zona Norte, SP

312 Colégio Stella Maris, Pinheiros, SP

313 Colégio Stella, Freguesia do Ó, SP

314 Colégio Stockler, Campo Belo, Zona Sul, SP

315 Colégio Tableau, Vila Prudente, Zona Leste, SP

316 Colégio Tancredo de Almeida Neves, Santana de Parnaíba, SP

317 Colégio Tenente General Gaspar Godoi Colaço, Santana de Parnaíba, SP

318 Colégio Terramar, Interlagos, Zona Sul, SP

319 Colégio UNISA, Santo Amaro, Zona Sul, SP

320 Colégio Universitário, Alphaville, Santana de Parnaíba, SP

321 Colégio Vectra, Pinheiros, Zona Oeste, SP

322 Colégio Vértice, Brooklin, SP

323 Colégio Veruska, Vila Moraes, SP

324 Colégio Videira Filho, Americanópolis, Zona Sul, SP

325 Comunidade do Horto do Ipê, Zona Sul, SP

326 Condomínio Parque Residencial M'Boi Mirim, SP

327 Condomínio Pontal do Brooklin, Vila Taquaral

328 Condomínio Portal do Brooklin, SP

329 CONSEG, Osasco, SP

330 Cooperativa Educacional de Cotia, Cotia, SP

331 CPOR-Centro de Preparação de Oficiais da Reserva de SP, Zona Norte, SP

332 CPTM, Vila Anastácio, SP

333 Cruz de Malta, Moóca, SP

334 Cursinho Pró USP, Centro, SP

335 CVV, Osasco, SP

336 Derdic, escola especial para surdos e mudos, Vila Clementino, Zona Sul, SP. Com tradução para Linguagem Brasileira de Sinais

337 Diretoria de Ensino de São Roque, apresentação para 24 escolas

338 E.E. Almirante Marquês de Tamandaré, Vila Marina, SP

339 E.E. Doutor Vital Fogaça de Almeida, SP

340 E.E. Francisco de Paula Conceição Júnior, SP

341 E.E. Heitor Cavalcanti de Alencar Furtado, SP

342 E.E. Irmã Gabriela Maria Elisabeth Wienkem, Osasco, SP

| Capítulo 10 | Escolas e Instituições onde a Campanha foi Apresentada | 207 |

Alexandre Araujo – Presidente da Ong Faces e Vozes

343 E.E. Leonor Quadros, Jd Miriam, SP

344 E.E. Prof. José Liberatti, Osasco, SP

345 E.E. Profa. Ilka Jotta Germano, SP

346 E.E. Professor Antônio Cândido Corrêa Guimarães Filho, Zona Sul, SP

347 E.E. Professor Ary Bouzan, Cotia, SP

348 E.E. Professora Maria Augusta de Moraes, Américanópolis, SP

349 E.E. Vereador Elísio de Oliveira Neves, SP

350 Editora Moderna no Belenzinho, Zona Leste de SP

351 Educandário Nossa Senhora Aparecida, Vila Bela, Zona Leste, SP

352 Educandário Nossa Senhora do Carmo, Tucuruvi, SP

353 Ely Lilly do Brasil, no Brooklin, Zona Sul, SP

354 EMEB Neusa Basseto, escola bilíngue para alunos surdos, em São Bernardo do Campo, SP

355 EMEF 22 de Março, Parque Regina, SP

356 EMEF Anália Franco Bastos, no Belenzinho, Zona Leste, SP

357 EMEF Barão de Piratininga, em São Roque, SP

358 EMEF Benedito Calixto, Itaquera, Zona Leste, SP

359 EMEF Cleomenes Campos, Jd Tereza, SP

360 EMEF Desembargador Sílvio Portugal, SP

361 EMEF Desembargador Teodomiro Dias, Vila Sônia, Zona Oeste, SP

362 EMEF Embaixador Raul Fernandes, SP

363 EMEF Engenheiro Carlos Rohm, Ribeirão Pires, SP

364 EMEF Fagundes Varela, Jardim Maria Sampaio, Zona Sul, SP

365 EMEF General Otelo Franco, Tatuapé, SP

366 EMEF Hermes Ferreira de Souza, SP

367 EMEF Othelo Franco, Tatuapé, SP

368 EMEF Paulo Freire, em Taboão da Serra, SP

369 EMEF Pedro Teixeira, São Miguel Paulista, Zona Leste, SP

370 EMEF Prof Aldo Ribeiro Luz, Jaraguá, Zona Norte, SP

371 EMEF Professor Domingos Rubino, Jd São Roberto, SP

372 EMEF Professor Roberto Mange, Jardim Ester, Zona Oeste, SP

373 EMEF Roberto Luiz de Araujo, Barueri, SP

374 EMEF Sebastião Vayezo de Carvalho, em Ribeirão Pires, SP

375 Empresa W-Service, em São Bernardo do Campo, SP

376 ENIAC, Guarulhos, SP

377 Ericsson do Brasil, Santana, Zona Norte, SP

378 Escola Bosque, Vila Mascote, Zona Sul, SP

379 Escola Britânica St Paul's, Jardim Paulistano, SP

380 Escola Chácara, Santana de Parnaíba, SP

381 Escola Diocesana Virgem do Pilar, Vila Talarico, SP

382 Escola Estadual Alberto Levy, em Indianópolis, Zona Sul, SP

383 Escola Estadual Alípio de Oliveira, Taboão da Serra, SP

384 Escola Estadual Almirante Visconde de Inhauma, Mandaqui, SP

385 Escola Estadual Américo Valentin, Jardim Santa Rita, SP

386 Escola Estadual Ana Siqueira da Silva, SP

387 Escola Estadual Antonio Manoel Alves de Lima, SP

388 Escola Estadual Aquilino Ribeiro, Guaianazes, Zona Leste, SP

389 Escola Estadual Arnaldo Laurindo, Pq. Santo Antonio, SP

390 Escola Estadual Augusto Ribeiro de Carvalho, Freguesia do Ó, SP

391 Escola Estadual Azevedo Soares, SP

392 Escola Estadual Basílio Bosniac, Carapicuíba, SP

393 Escola Estadual Beatriz Lopes, Cidade Dutra, Zona Sul, SP

394 Escola Estadual Brasílio Machado, Vila Mariana, Zona Sul, SP

395 Escola Estadual Buenos Aires, Santana, Zona Norte, SP

396 Escola Estadual Caetano Campos, Aclimação, SP

397 Escola Estadual Caetano de Campos, Aclimação, Zona Sul, SP

398 Escola Estadual Caetano de Campos, Consolação, SP

399 Escola Estadual Calhim Manoel Abud, Jardim Veneza, Zona Sul, SP

400 Escola Estadual Deputado Heitor Cavalcanti Alencar Furtado, Taboão da Serra, SP

401 Escola Estadual Doutor Reinaldo Ribeiro da Silva, Vila Anastácio, Zona Oeste, SP

402 Escola Estadual Dr. João Ernesto Faggim, Vila Clara, Zona Leste, SP

403 Escola Estadual Dr. João Firmino Correa de Araújo, São Bernardo do Campo, SP

404 Escola Estadual Dr. José Kaufman, na City Jaraguá, SP

405 Escola Estadual Dr. Reinaldo Ribeiro da Silva, Vila Anastácio, SP

406 Escola Estadual Dr. Umberto Luiz D'Urso, no Itaim Paulista, Zona Leste, SP

407 Escola Estadual Dulce Maria, Itaquaquecetuba, SP

408 Escola Estadual Edgard Pimenta Rezende, Brasilândia, Zona Norte, SP

409 Escola Estadual Fernão Dias Paes, Pinheiros, Zona Oeste, SP

410 Escola Estadual Herbert Baldus, Jardim São Bernardo, Zona Sul, SP

411 Escola Estadual Irmã Gabriela, Osasco, SP

412 Escola Estadual Isaí Leirner, Vila Invernada, SP

413 Escola Estadual Ivani Maria Paes, em Barueri, SP

414 Escola Estadual J. Gutemberg, Parque Edu Chaves, Zona Norte, SP

415 Escola Estadual Jean Piaget, São Bernardo do Campo, SP

416 Escola Estadual Joaquim Braga de Paula, Jardim Guairacá, Zona Leste, SP

417 Escola Estadual Jorge Duprat Figueiredo, Jardim Santa Terezinha, SP

418 Escola Estadual Jornalista Carlos Frederico Werneck Lacerda, Pirituba, SP

419 Escola Estadual José Chediak, Parque São Lucas, Zona Leste, SP

| Capítulo 10 | Escolas e Instituições onde a Campanha foi Apresentada | 215 |

420 Escola Estadual José Jorge, Osasco, SP

421 Escola Estadual José Maria Whitaker, SP

422 Escola Estadual Júlia Lopes de Almeida, Osasco, SP

423 Escola Estadual Leda Felice Ferreira, Itapecerica da Serra, SP

424 Escola Estadual Ligia Azevedo Souza e Sé, Vila Monte Alegre, SP

425 Escola Estadual Lourenço Zanelatti, Jardim Nove de Julho, Zona Leste, SP

426 Escola Estadual Maria Augusta de Moraes Alves, Americanópolis, Zona Sul, SP

427 Escola Estadual Maria Leao Lopes, Jardim Betel, Guarulhos, SP

428 Escola Estadual Maria Montessori, Vila Maria, Zona Norte, SP

429 Escola Estadual Mário de Andrade, Brooklin Paulista, SP

430 Escola Estadual Martins Pena, Cidade Ademar, SP

431 Escola Estadual Ministro Costa Manso, Itaim Bibi, Zona Sul, SP

432 Escola Estadual Miss Browne, Perdizes, Zona Oeste, SP

433 Escola Estadual Octalles Marcondes Ferreira, Parque Claudia, Zona Sul, SP

434 Escola Estadual Odair Martiniano da Silva Mandela, Cohab Raposo Tavares, SP

435 Escola Estadual Omar Donato Bassani, São Bernardo do Campo, SP

436 Escola Estadual padre Agnaldo Sebastião Vieira, em Santo André

437 Escola Estadual Padre Conrado Sivila Alsina, Guarulhos, SP

438 Escola Estadual Pastor Nunes, Guarulhos, SP

439 Escola Estadual Paulo Sarazate, Cidade Tiradentes, Zona Leste, SP

440 Escola Estadual Plínio Negrão, Morumbi, Zona Sul, SP

441 Escola Estadual Prof. José Liberatti, Osasco, SP

442 Escola Estadual Prof. Mário Casassanta, Vila Alpina, Zona Leste, SP

443 Escola Estadual Professor Adolfo Casais Monteiro, Interlagos, Zona Sul, SP

Capítulo 10 | Escolas e Instituições onde a Campanha foi Apresentada | **217**

444 Escola Estadual Professor Astrogildo Silva, Vila Patente, Zona Sul, SP

445 Escola Estadual Professor Augusto Ribeiro de Carvalho, na Freguesia do Ó, SP

446 Escola Estadual Professor Carlos de Laet, Água Fria, Zona Norte, SP

447 Escola Estadual Professor Décio Ferraz Alvin, em São Mateus, Zona Leste, SP

448 Escola Estadual Professor Edgard Pimentel Rezende, Zona Norte, SP

449 Escola Estadual Professor Esli Garcia Diniz, Arujá, SP

450 Escola Estadual Professor João Baptista de Brito, Osasco, SP

451 Escola Estadual Professor João Borges, Tatuapé, Zona Leste, SP

452 Escola Estadual Professor José Augusto de Azevedo Antunes, Santo André, SP

453 Escola Estadual Professor Luiz Gonzaga Pinto e Silva, Parque São Luiz, SP

454 Escola Estadual Professor Oscar Graciano, SP

455 Escola Estadual Professor Pedro Casemiro Leite, Cotia, SP

456 Escola Estadual Professora Clarice de Magalhães Castro, São Bernardo do Campo, SP

457 Escola Estadual Professora Flora Stela, Carapicuíba, SP

458 Escola Estadual Professora Guimar Rocha, Jardim São Jorge, SP

459 Escola Estadual Professora Maria José Antunes Ferraz, Taboão da Serra, SP

460 Escola Estadual Professora Maria Ribeiro Guimarães Bueno, na Saúde, SP

461 Escola Estadual Professora Paula Santos, Salto, SP

462 Escola Estadual Pueri, Santo André, SP

463 Escola Estadual Roberto Kennedy, São Bernardo do Campo, SP

464 Escola Estadual Romeu de Morais, Lapa, Zona Oeste, SP

465 Escola Estadual Rui Bloen, Mirandópolis, Zona Sul, SP

466 Escola Estadual Salvador Moya, Cidade Vargas, Zona Sul, SP

467 Escola Estadual Sílvia Martins Pires, Zona Sul, SP

468 Escola Estadual Ubaldo Costa Leite, Jardim Guarani, SP

469 Escola Estadual Vicente Leporace, Santo Amaro, Zona Sul, SP

470 Escola Estadual Vila Ercília Algarve, Itaquaquecetuba, SP

471 Escola Estadual Vila Santa Maria, Diadema, SP

472 Escola Estadual Visconde de Inhaúma, SP

473 Escola Estadual Vital Fogaca de Almeida, Jardim Jaú, SP

474 Escola Estadual Zulmira Cavalheiro Faustino, SP

475 Escola Êxodo, Zona Sul, SP

476 Escola Internacional de Alphaville, SP

477 Escola Marechal Deodoro da Fonseca, Caxingui, SP

478 Escola Morumbi, em Tamboré, SP

479 Escola Morumbi, Unidade Moema, SP

480 Escola Municipal Antonio de Alcântara Machado, Moinho Velho, Zona Sul, SP

481 Escola Municipal Benedito Calixto, Itaquera, Zona Leste, SP

482 Escola Municipal Coronel Ary Gomes, Jardim Andaraí, SP

483 Escola Municipal de Ensino Bilingue Para Surdos Helen Keller, SP

484 Escola Municipal de Ensino Fundamental Aldo Ribeiro Luz, SP

485 Escola Municipal Dorcelina, Guarulhos, SP

486 Escola Municipal Engenheiros Carlos Rohm, SP

487 Escola Municipal Francisco Rebolo, Vila Andrade, Zona Sul, SP

488 Escola Municipal Granja Nossa Senhora Aparecida, Jardim São Rafael, Zona Sul, SP

489 Escola Municipal Humberto de Campos, Jardim Hercília, Zona Leste, SP

490 Escola Municipal Maria Fagundes, Santana de Parnaíba, SP

491 Escola Municipal Osvaldo Batista, Barueri, SP

492 Escola Municipal Paulo Nogueira Filho, SP

493 Escola Municipal Pedro Teixeira, Jardim Santana, Zona Leste, SP

494 Escola Municipal Professor Mário Pereira Bicudo, Cachoeirinha, Zona Norte, SP

495 Escola Municipal Professor Roberto Mange, Jardim Ester, Zona Oeste, SP

496 Escola Municipal Professora Nilce Cruz Figueiredo, Lauzane Paulista, SP

497 Escola Municipal Roberto Luís de Araújo Brandao, Barueri, SP

498 Escola Municipal Rodrigues Alves, Parada Inglesa, Zona Norte, SP

499 Escola Municipal Vereador Antonio Sampaio, Parque Anhembi, SP

500 Escola Nossa Senhora das Graças, Cidade Vargas, Zona Sul, SP

501 Escola Paulista de Educação Básica, na Vila das Mercês, Zona Sul, SP

502 Escola Pinheiro, Interlagos, Zona Sul, SP

503 Escola Poty, Jardim Sertãozinho, Zona Sul, SP

504 Escola Pueri Domus, na Cantareira, Zona Norte, SP

505 Escola Senai Mariano Ferraz, Vila Leopoldina, Zona Oeste, SP

506 Escola Suíço-Brasileira de São Paulo, SP

507 Escola Tancredo Neves, Taboão da Serra, SP

508 Escola Tecnica de Osasco II, Vila dos Remédios, SP

509 Escola Técnica Estadual Guaracy Silveira, SP

510 Escola Teotônio Alves Pereira, São Paulo, SP

511 Escola União Geral Armênia de Beneficência, Pinheiros, SP

512 Escola Ursa Maior, SP

513 Escola Zulmira Cavalheiro Faustino, Monte Azul, Zona Sul, SP

514 ESCOOP-Serviço Nacional de Aprendizagem do Cooperativismo, Bela Vista, SP

515 Escuderia Pepe Legal, na Moóca, Zona Leste, SP

516 Espaço Cultural e Interativo São José, SP

517 Espaço Gente Jovem, SP

518 Espaço WN, SP

519 Esporte Clube Pinheiros, Pinheiros, Zona Oeste, SP

520 Esporte Clube Sírio, Indianópolis, Zona Sul, SP

521 ETEC Basilides de Godoy, Vila Leopoldina, SP

522 ETEC Camargo Aranha, na Moóca, Zona Leste, SP

523 ETEC Diadema, SP

524 ETEC Doutora Maria Augusta Saraiva, Campos Elíseos, SP

525 ETEC Getúlio Vargas, Ipiranga, Zona Sul, SP

526 ETEC José da Rocha Mendes, na Vila Prudente, Zona Leste, SP

527 ETEC Júlio de Mesquita, Santo André, SP

528 ETEC Juscelino Kubitschek, Diadema, SP

529 ETEC Mandaqui, Zona Norte, SP

530 ETEC Parque da Juventude, Zona Norte, SP

531 ETEC Paulistano, Zona Norte, SP

532 ETEC Professor André Bogasian, Osasco, SP

533 ETEC Professor Camargo Aranha, Moóca, Zona Leste, SP

534 ETEC Professor Horácio Augusto da Silveira, Vila Guilherme, Zona Norte, SP

535 ETEC Professora Basilides de Godoy, Vila Leopoldina, Zona Oeste, SP

536 ETEC Raposo Tavares, SP

537 ETEC SEBRAE, Campos Elíseos, SP

538 ETEC Walter Belian, Cambuci, SP

539 ETIP, Centro Educacional, Santo André, SP

| 540 | ETIP, Parque das Nações, SP

| 541 | Exército - Mogi das Cruzes, Unidade Tiro de Guerra, SP

| 542 | Externato Casa Pia São Vicente, Higienopolis, SP

| 543 | Externato Elvira Ramos, Capão Redondo, SP

| 544 | Externato Nossa Senhora do Sagrado Coração, Vila Formosa, Zona Leste, SP

| 545 | Externato Nossa Senhora Menina, na Moóca, Zona Leste, SP

| 546 | Externato São Francisco de Assis, SP

| 547 | Faculdade de Odontologia da Universidade de São Paulo

| 548 | Faculdade FITO, Villa Lobos, Zona Oeste, SP

549 Faculdades Horizontes, Campo Limpo, Zona Sul, SP

550 Faculdades Integradas Torricelli, Guarulhos, SP

551 Fecap, Liberdade, SP

552 Federação Paulista de Futebol, Barra Funda, SP

553 FIES, Barueri, SP

554 FIES, Jd Belval, SP

555 Fisk, Penha, Zona Leste, SP

556 FITO, Jardim Piratininga, SP

557 FITO, Unidade I, Jardim das Flores, Osasco, SP

Capítulo 10 — Escolas e Instituições onde a Campanha foi Apresentada

558 Fito-Fundação Instituto Tecnológico de Osasco, SP

559 Fnat Cristã Eurípedes, SP

560 Fraternidade Universal, Bosque da Saúde, SP

561 Fundação Antonio Prudente, SP

562 Fundação Bradesco - Cidade de Deus, Osasco, SP

563 Fundação Criança, em São Bernardo do Campo, SP

564 Fundação Educacional de Cotia, SP

565 Fundação Instituto de Educação de Barueri, SP

566 Fundação Pró-Sangue-Hemocentro de SP

567 Grupo de Escoteiros, São Joaquim, SP

568 Grupo de Estudo Espírita Lírio Branco, São Bernardo do Campo, SP

569 Grupo Escoteiro Caramuru, SP

570 Grupo Kardecista, Moóca, SP

571 Grupo Socorrista Doutor Bezerra de Menezes, Jardim Cupecê, Zona Sul, SP

572 Guarda Mirim de Suzano, SP

573 Hospital Sepaco, SIPAT (Semana Interna de Prevenção de Acidentes de Trabalho), Vila Mariana, Zona Sul, SP

574 Hospital Alemão Oswaldo Cruz, SP

575 Hospital Israelita Albert Einstein, SP

576 Hospital San Paolo, Santana, SP

577 IEB - Barueri, São Paulo, SP

578 Igreja Batistas Bethel, Guarapiranga, Zona Sul, SP

579 Igreja Dom Bosco – grupo do Amor Exigente, Lapa, Zona Oeste, SP

580 Igreja Matriz da Paróquia Santa Ana, Santana de Parnaíba, SP

581 Igreja Matriz de São Lourenço, SP

582 Igreja Metodista Vila Mariana, Zona Sul, SP

583 Igreja Metodista Wesleyana, São Bernardo do Campo, SP

584 Igreja Presbiteriana de Vila Dom Pedro, Ipiranga, Zona Sul, SP

585 Igreja Santa Terezainha do Menino Jesus, Pastoral da Sobriedade, Zona Sul, SP

586 Instituto Acácio, São Bernardo do Campo, SP

587 Instituto de Ensino Ebenezer, Osasco, SP

588 Instituto de Promoção Social Água e Vida, Guarulhos, SP

589 Instituto Divina Pastora, no Jabaquara, Zona Sul, SP

590 Instituto Dona Ana Rosa, na Vila Sônia, Zona Sul, SP

591 Instituto Educacional Cidade de Osasco, SP

592 Instituto Educacional Óctagon, Moema, Zona Sul, SP

593 Instituto Educacional Portinari, Campo Limpo, Zona Sul, SP

594 Instituto Educacional Tereza Martin, Freguesia do Ó, SP

595 Instituto Federal de Educação Ciência e Tecnologia de São Paulo, Canindé, SP

596 Instituto Prisma de Educação e Cultura, no Horto Florestal, Zona Norte, SP

597 Instituto Prisma, Jardim Peri, Zona Norte, SP

598 Instituto Sagrada Familia, Santo André, SP

599 Instituto Santa Isabel, SP

600 Instituto São Pio X, Osasco, SP

601 ITB Instituto Técnico de Barueri, SP

602 ITB Jardim Belval, Barueri, SP

603 ITB Professor Antônio Arantes Filho, Barueri, SP

604 ITB Professor Munir José, Barueri, SP

605 Lar Batista de Crianças, Campo Limpo, Zona Sul, SP

606 Legião Mirim de Vila Prudente, Zona Leste, SP

607 Liceu de Artes e Ofícios de SP, Luz, SP

608 Liceu Monteiro Lobato, Santo André, SP

609 Liceu Pasteur, Vila Mariana, Zona Sul, SP

610 Liceu Santa Cruz, Moóca, Zona Leste, SP

611 Loja Maçônica 21 de Abril, Bosque da Saúde, SP

612 Loja Maçônica Aldebaran, Barra Funda, Zona Oeste, SP

613 Loja Maçônica Arte e Imortalidade, SP

614 Loja Maçônica Arte Imortalidade, SP

615 Loja Maçônica Fé, Equilíbrio e Esperança, Cidade Dutra, SP

616 Loja Maçônica Luzes do Universo, São Bernardo do Campo, SP

617 Loja Maçônica Osasco, SP

618 Loja Maçônica Renascença Santista, Santos, SP

619 Loja Maçônica União e Caridade, Mogi das Cruzes, SP

620 Loja Maçônica Visitantes de Luz, Carapicuíba, SP

621 Loja Maçônica, Carandiru, Zona Norte, SP

622 Lojas Maçônicas, Templo Nobre, Liberdade, SP

623 Metal Club em Osasco, SP

624 Mitsutani, Campo Limpo, Zona Sul, SP

625 MULTIBRINK GUARULHOS

626 NANE-Novo Ângulo, Novo Esquema, Moema, Zona Sul, SP

627 Núcleo Araçariguama, SP

628 Núcleo de Educação e Cultura Estância dos Reis, Mogi das Cruzes, SP

629 Núcleo Infantil (Unidade II) Oiapoque, SP

630 Núcleo Infantil de Osasco, SP

631 OAB-Carapicuíba, SP

632 OAB-Ribeirão Pires, SP

633 Oetker, Jardim Gilda Maria São Paulo

634 Osasco Plaza Shopping - evento para mulheres, SP

635 Paróquia Cristo Ressuscitado, Zona Leste, SP

636 Paróquia Maria Mãe dos Caminhantes, Itapecerica da Serra, SP

637 Paróquia Nossa Senhora da Assunção, Pirituba, SP

638 Paróquia Nossa Senhora da Lapa, Zona Oeste, SP

639 Paróquia Santa Tereza de Jesus, Itaim-Bibi, Zona Sul, SP

640 Paróquia São Pedro Apóstolo, Moóca, Zona Leste, SP

641 Parque Viana, Barueri, SP

642 Pastoral da Sobriedade, em Taboão da Serra, SP

643 Petrópolis, São Bernardo do Campo, SP

644 Pio X, Osasco, SP

645 Primeira Igreja Batista, Diadema, SP

Capítulo 10 — Escolas e Instituições onde a Campanha foi Apresentada | 235

646 Programa Ação Jovem, Carapicuíba, SP

647 Programa Agente Jovem, Carapicuíba, SP

648 Projeto Arrastão, Campo Limpo, Zona Sul, SP

649 Projeto Jovem Cidadão da Escola Paulista de Medicina

650 Projov de Barueri, SP

651 PROJOV de Carapicuiba, SP

652 PROJOV, Santana de Parnaíba, SP

653 PUC/EXATAS, SP

654 Residencial Alphaville 3, Santana de Parnaíba, SP

655 Residencial Tamboré 4, Barueri, SP

656 Rotary Club de Itapevi, SP

657 Rotary República, Edifício Itália, SP

658 Rotary, Juquitiba, SP

659 São Paulo Futebol Clube, no Morumbi, Zona Sul, SP

660 Scuola Italiana Eugenio Montale, Morumbi, SP

661 Secretaria da Saúde Santana de Parnaiba, SP

662 Secretaria de Esportes de Itapevi, SP

| Capítulo 10 | Escolas e Instituições onde a Campanha foi Apresentada | 237 |

663 SENAC LAPA, Zona Oeste, SP

664 SENAC Vila Prudente, SP

665 SENAC, Vila Prudente, SP

666 SENAI Ari Torres, Santo Amaro, Zona Sul, SP

667 SENAI Theobaldo de Nigris, na Moóca, Zona Leste, SP

668 SENAI, Barueri, SP

669 SESI Belenzinho, SP

670 SESI Guarulhos, SP

671 SESI Jardim IV Centenário, Tatuapé, SP

672 SESI, Carapicuíba, SP

673 SESI, em Santo André, SP

674 SESI, Jardim Piratininga, SP

675 SESI, Jardim São Roberto, Osasco, SP

676 SESI, Planalto Paulista, SP

677 SESI, Sumaré, SP

678 SESI, Sumarézinho, SP

679 SESI, Vila Carrão, SP

680 SESI, Vila Cisper, SP

681 SESI, Vila das Mercês, SP

682 SESI, Vila Leopoldina, SP

683 SIPAT - Brassinter, Santo Amaro, SP

684 SIPAT da Brassinter S/A, Santo Amaro, SP

685 SIPAT Hospital Samaritano, Higienópolis, Zona Oeste, SP

686 SIPAT SABESP, no Complexo Guarapiranga, Zona Sul, SP

687 Sociedade Esportiva Palmeiras, Perdizes, Zona Oeste, SP

688 Sociedade Inter-Alpha, Santana de Parnaíba, SP

689 Subprefeitura de Perus, SP

690 Supermercado Hirota, Ipiranga, Zona Sul, SP

691 Transportadora Ajofer, Santo André, SP

692 UNINOVE, Unidade Nove de Julho, SP

693 UNINOVE, Vila Maria, Zona Norte, SP

694 UNISA, Universidade de Santo Amaro, Zona Sul, SP

695 Universidade Anhanguera, Santo André, SP

696 Universidade Anhembi Morumbi, SP

697 Universidade de Guarulhos, SP

698 Universidade Mogi das Cruzes, SP

699 Universidade Nove de Julho Serviço Social, Água Branca, Zona Oeste, SP

700 Zantero, Parque Edu Chaves, SP